まえがき

　平成29年3月31日に，小・中学校の学習指導要領が改訂されました。今回の改訂は，平成28年12月の中央教育審議会答申を踏まえ，将来の変化を予測することが困難な未来社会を担う子供たちが，社会の変化に受け身で対処するのではなく，その可能性を最大限に発揮し，よりよい社会と幸福な人生を自ら創り出すために必要な資質・能力を確実に育成することを目指して行われたものです。

　育成すべき資質・能力の柱として，生きて働く「知識・技能」，未知の状況にも対応できる「思考力・判断力・表現力等」，学びを人生や社会に生かそうとする「学びに向かう力・人間性等」の三つが示され，全ての教科等における目標や内容が資質・能力に基づいて整理されました。

　特別活動は，昭和33年に教育課程に位置付けられて以来，共生社会の担い手として欠かせない資質・能力である自治的能力や人間関係形成力などを育成してきました。そして，子供たちによる自発的，自治的な活動は，学級や学校におけるよりよい生活や人間関係をつくるとともに，お互いを尊重し，認め合う支持的な風土を醸成し，学力向上にも役立ってきました。また，いじめの未然防止等にもつながると考えられています。しかし，特別活動は教科書等の基礎的な資料がないことから，教育的意義が十分に理解されなかったり，近年のベテラン教師の退職により特別活動の指導技術の継承が円滑に行われなかったりするなどの課題が見受けられました。そこで，国立教育政策研究所では，「楽しく豊かな学級・学校生活をつくる特別活動（小学校編）」（リーフレット版　平成25年7月公表），特別活動指導資料（平成26年6月刊行）を作成し，特別活動の充実を図りました。

　今回の学習指導要領の改訂により，特別活動は「キャリア教育の要」であることや「学級活動における自発的，自治的な活動が学級経営の充実に資する」ことが明確に示されました。そこで，上記リーフレットや指導資料の改訂版として，平成30年7月に「みんなで，よりよい学級・学校生活をつくる特別活動（小学校編）」（リーフレット版）を作成し，今日，より詳細に解説する特別活動指導資料を作成しました。

　新学習指導要領の理念の実現や学校教育の課題への対応に向け，集団や社会の形成者としての見方や考え方を働かせながら，児童がよりよい自分や学級・学校生活，人間関係を築く活動を通して，共生社会でよりよく生きる力を獲得することのできる特別活動が果たす役割は今後ますます大きくなると考えられます。

　各教育委員会及び各学校において，本書が積極的に活用され，特別活動の一層の充実が図られることを期待しています。

　最後に，本書の作成に当たり，多大な御協力をいただいた作成協力者をはじめ，御協力くださった方々に心から感謝の意を表します。

　平成30年12月

国立教育政策研究所教育課程研究センター長
小松　悌厚

特別活動 指導資料

みんなで，よりよい学級・学校生活をつくる特別活動

特別活動【小学校編】

目次

- ●本指導資料の活用に当たって … 4

特別活動 リーフレット

- 学習指導要領　改訂のポイント … 5
- 学級活動，児童会活動，クラブ活動，学校行事を通して，児童が豊かに育ちます… 6
- 【学級活動(1)】学級や学校における生活づくりへの参画
  - 特質を踏まえた学級活動の実践 … 8
  - 「話合いの充実」を図る学級会の事前の指導 … 9
  - 思いを実現し，豊かな学級や学校の生活をつくる学級活動(1) … 10
  - 次の活動へつなげる学級会の事後の指導 … 12
  - 学級生活を楽しく豊かにする係活動・集会活動 … 13
- 【学級活動(2)】日常の生活や学習への適応と自己の成長及び健康安全
  - 現在の自分を見つめ，自己の成長を考える学級活動(2) … 14
- 【学級活動(3)】一人一人のキャリア形成と自己実現
  - 将来を見通し，なりたい自分に向けて努力する学級活動(3) … 16
- 自発的，自治的な活動で，学校生活を楽しく豊かにする児童会活動 … 18
- 共通の興味・関心を異年齢集団で追求するクラブ活動 … 20
- 学校の特色を生かし，学校生活の折り目や彩りとなる学校行事 … 22
- 特別活動の充実につながる教室環境の工夫 … 24
- 今こそ，特別活動の充実を！ … 26

Ⅰ 総論

学習指導要領改訂のポイント
- 「社会に開かれた教育課程」「カリキュラム・マネジメント」とは？ … 28
- 特別活動における「見方・考え方」「資質・能力の三つの柱」とは？ … 29
- 特別活動で育てる資質・能力の重要な三つの視点とは？ … 30
- 特別活動における「主体的・対話的で深い学び」の実現とは？ … 31
- 自発的，自治的な活動で高める「自治的能力」とは？ … 32
- 自己指導能力や自己有用感の育成と生徒指導の充実とは？ … 33
- 学級経営の充実と学力向上の関係は？ … 34
- キャリア教育の要としての期待とは？ … 36
- 道徳的な実践の重要な機会と場にするためには？ … 38
- 特色ある学校づくりに生かすためには？ … 40
- 特別活動の充実に資するための評価の工夫は？

Ⅱ 学級活動(1)

学級や学校における生活づくりへの参画
- 学級活動(1)の内容と育成する資質・能力は？ … 42
- 学級会オリエンテーションとは？ … 43
- 「問題の発見」の指導とは？ … 44
- 議題の選定と決定の指導とは？ … 45
- 計画委員会の活動は？ … 46
- 問題意識を高めるポイントは？ … 48
- 提案カードや学級会ノートの活用は？ … 49
- 学級会の基本的な流れとは？ … 50
- 「出し合う」段階の指導のポイントは？ … 51
- 「くらべ合う」→「まとめる（決める）」段階の指導のポイントは？ … 52
- 板書を活用した思考の可視化・操作化・構造化とは？ … 54
- 学級会を充実させる教師の指導助言は？ … 56
- 話合いの振り返りの仕方は？ … 57
- 学級会を円滑に進めるための準備は？ … 58
- 次に生かす事後の活動の指導の工夫は？ … 59
- 学級活動(1)の指導案の作成の仕方は？ … 60

	学級生活を楽しく豊かにする係活動とは？	64
	学級生活を楽しく豊かにする集会活動とは？	66
	学級活動の年間指導計画を立てるには？	68
	◆指導を振り返ってみましょう	70

Ⅲ 学級活動(2)

日常の生活や学習への適応と自己の成長及び健康安全

学級活動(2)の内容と育成する資質・能力は？	72
問題意識を高める事前指導とは？	73
意思決定に向けた本時の学習過程は？	74
事後指導で目標実現への意欲を高めるためには？	76
学級活動(2)の題材と指導展開例は？	77
学級活動(2)の指導案の作成の仕方は？	78
◆指導を振り返ってみましょう	82

Ⅳ 学級活動(3)

一人一人のキャリア形成と自己実現

学級活動(3)の内容と育成する資質・能力は？	84
問題意識を高める事前指導とは？	85
意思決定に向けた本時の学習過程は？	86
事後指導で目標実現への意欲を高めるためには？	88
学級活動(3)の題材と指導展開例は？	89
学級活動(3)の指導案の作成の仕方は？	90
キャリア教育の要としての役割が期待されているとは？	94

Ⅴ 児童会活動 クラブ活動

児童会活動

児童会活動を通してつくる楽しく豊かな学校生活とは？	96
指導計画の作成の仕方は？	97
代表委員会の充実のためには？	98
いじめ等の未然防止につながる自主的な取組は？	99
委員会活動の活性化のための工夫とは？	100
児童会集会活動の取組の仕方は？／◆児童会活動のチェックリストの例	101

クラブ活動

クラブ設置のポイントは？	102
クラブの計画や運営をスムーズに進めるためには？	103
「クラブを楽しむ活動」を，よりよい活動にしていくには？	104
「クラブの成果の発表」の仕方は？	105
外部講師等の活用は？／◆クラブ活動のチェックリストの例	106

Ⅵ 学校行事

学校行事でつくる特色ある学校文化とは？	108
実践力を育てる防災訓練とは？	109
児童の成長を促す集団宿泊活動とは？	110
効率的で効果的な学校行事の指導とは？	111
児童の意欲を高める事前指導とは？	112
児童の意欲を高め，自信をもたせる指導とは？	113
成長を確かめ，次につなげる事後指導は？	114
学校行事の年間指導計画の作成とは？	115
◆学校行事のチェックリストの例／日常生活に生かす工夫	116

Ⅶ 教室経営

学級活動コーナーの効果的な活用は？	118
活動の活性化を図る係活動コーナーの工夫は？	120
学級活動(2),(3)の学習と関連を図る教室掲示の工夫は？	121
児童の主体的な活動につなげる校内掲示の工夫は？	122

Ⅷ 小学校学習指導要領

第6章
特別活動　…… 124

本指導資料の活用に当たって

　特別活動指導資料は，特別活動における適切な指導や効果的な展開を願って，平成26年6月に国立教育政策研究所から刊行され，これまで全国の教育委員会や学校，学級などにおいて活用されてきました。

　今回，学習指導要領の改訂を受けて，特別活動のさらなる充実を願って，平成30年7月に「みんなで，よりよい学級・学校生活をつくる特別活動(小学校編)」(リーフレット版)を改訂しました。それに基づいて，特別活動指導資料についても，これまでの内容を見直し，新たに学級活動(3)の項を加えるなど，新学習指導要領に準拠した内容となるようにしました。また，巻末には小学校学習指導要領第6章特別活動を掲載し，より活用しやすいように工夫しています。

　本指導資料は，次のような構成になっています。

　Ⅰ 総論では，学習指導要領改訂のポイントや特別活動の教育課程上の役割，教育的意義について示しています。教育委員会主催の行政説明会や研修会などでの活用，管理職の皆様の学校経営の視点として生かしていただきたいと思います。

　Ⅱ 学級活動(1)，Ⅲ 学級活動(2)，Ⅳ 学級活動(3)，Ⅴ 児童会活動・クラブ活動，Ⅵ 学校行事では，各ページの上段にＱ＆Ａを示し，掲載内容が一目で分かるようにするとともに，指導のポイントや展開例等を紹介しています。また，補足したいことを破線でつないだり，側注として付記したりしています。学級活動については指導案例や年間指導計画例も掲載し，各学校で作成する上で参考となるようにしています。

　また，各編の最後ページには，教師用チェックリスト例も掲載しました。これらは各学校や学級担任の先生方が，自校及び自己の指導の現状を振り返り，その改善に役立てるだけでなく，教育委員会が特別活動の指導の一般化・定着化を図るために活用していただきたいと思います。

　Ⅶ 教室経営では，特別活動の指導を充実させる視点から，教室環境の工夫例を紹介しています。学校全体で統一して掲示する内容を検討したり，学級としてより工夫したりする際に参考にしていただきたいと思います。

　特別活動は，各教科等におけるグループ学習などの基盤となるよりよい人間関係を形成し，各教科等で身に付けた資質・能力を総合的，実践的に活用するとともに，特別活動で身に付けた資質・能力が各教科等の学習で活用されるなど，実生活や実社会に生きて働く汎用的な力を育成します。

　各教育委員会や学校，先生方などにおかれましては，特別活動が担ってきた役割について十分ご理解いただき，ぜひ本指導資料を有効に活用して，特別活動の指導の充実を図り，子供たちの笑顔あふれる楽しく豊かな学級・学校生活をつくっていただきたいと思います。

　　平成30年12月

国立教育政策研究所教育課程研究センター研究開発部教育課程調査官
文部科学省初等中等教育局教育課程課教科調査官　安部　恭子

学習指導要領　改訂のポイント

特別活動において育成すべき資質・能力の重要な視点

人間関係形成
違いを認め合い、みんなと共に生きていく力を育てます。

社会参画
よりよい集団や社会をつくろうとする力を育てます。

自己実現
なりたい自分に向けてがんばる力を育てます。

築きたい人間関係
「個と個」や「個と集団」の関わりの中で、互いのよさを生かし、協働して取り組み、よりよい人間関係を築こうとする視点です。

つくりたい社会
児童が現在、そして将来に所属する様々な集団や社会に対して積極的に関わり、よりよいものにしていこうとする視点です。

なりたい自分
将来を見通して、今の自分にできることを考え、よさや可能性を生かして実践しながら、よりよい自分づくりを目指す視点です。

育成すべき資質・能力における三つの視点が関わり合って成長していくことを示したものです。

特別活動における「主体的・対話的で深い学び」の実現に向けた授業改善

主体的な学び
学校や学級の実態、自己の現状に即して自ら課題を見いだし、解決方法を実践したり振り返ったりしながら、生活をよりよくしようとしていくこと。

対話的な学び
生活上の課題を解決するために合意形成を図ったり、意思決定したりする話合いの中で様々な意見に触れ、考えを広げたり多面的・多角的に考えたりすること。

深い学び
「集団や社会の形成者としての見方・考え方」を働かせながら、問題の発見、課題の設定から振り返りまでの一連の活動を繰り返す中で、各教科等の特質に応じた「見方・考え方」を総合的に生かし、知識・技能などを集団及び自己の問題の解決に活用していくこと。

学級活動，児童会活動，クラブ活動，学校

集団や社会の形成者としての見方・考え方を働かせながら，児童がよりよい自分や学級・学校生活，人間関係をつくる活動を通して

○児童一人一人が自分の成長を実感できます

- 協力できたことで誰とでもなかよくできるようになった。
- 自分から進んで話せるようになったら，友達が増えた。
- 友達のおかげで自分のよさに気付くことができた。
- みんなで一つのことに取り組んで，一人では味わえない喜びを知った。
- たくさん話し合っていくうちに，様々な考え方があることに気付いた。

人との豊かな関わりを通して自ら学び，自分に自信をもつことができるようになります。

○よりよい集団の育成に結び付きます

学級や学校を，学級活動・児童会活動・クラブ活動・学校行事における **多様な集団活動** を通して，**支え合い，高め合う集団** にしていくことができます。

- 進んであいさつができる学級
- 自分の考えをきちんと伝えることができる学級
- そうじに進んで取り組むことができる学級
- 困っている友達にやさしく声をかけ合うことができる学級
- 教え合い，励まし合うことができる学級
- 見通しをもって活動を進めていくことができる学級
- 自分たちがつくったものを大切にすることができる学級
- みんなと一緒になって物事を解決していくことができる学級
- 元気に歌を歌うことができる学級

学級経営の充実

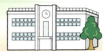

「学級活動（1）の充実」がポイントです

行事を通して，児童が豊かに育ちます

共生社会でよりよく生きる力を獲得することができます

○学校は人と人とが関わり合う一つの社会です

学校はまさに社会の縮図であり，児童にとって一番身近な社会です。そして，学校生活そのものを教育の対象としているのが特別活動です。

学級活動	児童会活動	クラブ活動	学校行事
学級生活の充実と向上に向け，他者と協働しながらよりよい学級や学校生活をつくる	全児童で組織し，自発的，自治的に活動することを通して学校生活を楽しく豊かにする	異なる学年の友達と趣味を同じくし，個性を伸長し生活を豊かにする	地域や自然との関わりや，多様な文化や人との触れ合いを通して，学校の文化をつくる
お楽しみ会など	長なわ集会など	球技クラブなど	修学旅行・運動会など

特別活動での体験や経験が，大人になっても忘れられない思い出となります。

職場，家庭へ	自治会，議会へ	サークル，同好会へ	地域行事，催しへ
同僚や家族とともに，よりよい集団や社会をつくる	自分たちの地域や社会を，話合いと実践を通してよりよくする	仲間をつくり，好きなことを伸ばしながら絆を深め，人生を楽しむ	集団の一員としての自覚をもち，様々な行事を通して地域等の愛着をもつ

特別活動で実践し学んだことが，将来の様々な集団での生き方につながります。

保護者や地域の方の理解と協力を得ることで成果が上げられる特別活動においては，通知表の特別活動の記録欄や学校だより等で，児童の活躍の様子やよさについて積極的に伝えるようにしましょう。

Information

◆ **特別活動を通したよりよい生活や人間関係づくりは，学力と相互に関連します。** ◆

ペーパーテスト調査と質問紙調査のクロス集計を行ったところ，特別活動に熱心に取り組む教師の学級や特別活動の取組に対して肯定的に回答した児童が多い学級ほど，多くの教科において平均正答率が高いという分析結果が出ています。

平成24年度「小学校学習指導要領実施状況調査」（国立教育政策研究所）

◆ **海外も "Tokkatsu" に注目** ◆

集団で協力し合い，問題を解決していく特別活動が，日本式の教育として海外の教育関係者から注目されています。

特質を踏まえた学級活動の実践

学級活動には(1),(2),(3)の三つの内容があり,基本的な学習過程は,学級活動(1)と学級活動(2),(3)の二つに分けることができます。各活動の特質に即し,教師の適切な指導の下,自主的,実践的な活動を積み重ねることで,児童の自治的能力や自己指導能力,自己実現の力を高めます。

学級活動は,学校生活において最も身近で基礎的な所属集団である「学級」を基盤とした活動です。様々な集団活動を通して,学級や学校生活の中から集団や個人の課題を見いだし解決するための方法や内容をみんなで話し合い,集団として「合意形成」を図り協力して実践したり,一人一人が自己の課題の解決方法について「意思決定」し実践したりして,よりよい生活や人間関係を築き,学校生活の充実と向上を図ります。

学級活動(1)と(2)(3)の学習過程(例)

(1)学級や学校における生活づくりへの参画
(1)は全員で協力して楽しく豊かな学級・学校生活にするために,みんなで取り組みたいこと,つくってみたいこと,解決したいことなどの課題を取り上げる。

(2)日常の生活や学習への適応と自己の成長及び健康安全
(3)一人一人のキャリア形成と自己実現
(2)は現在の生活上の課題,(3)は現在及び将来を見通した生活や学習に関する課題を取り上げる。

事前の活動

① 問題の発見・確認

| 生活上の諸問題から課題を見いだし,学級全員で「議題」を決定する。 | 日常生活における共通の問題から教師が「題材」を設定する。 |

本時の活動・話合い活動

② 解決方法等の話合い

| 内容や方法,役割分担などについて意見を出し合ったり,くらべ合ったりしながら話し合う。 | 原因や改善の必要性を探ったり,具体的な解決方法を見付けたりするために話し合う。 |

③ 解決方法の決定

| 意見の違いや多様性を認め合い,折り合いをつけて集団として「合意形成」を図る。 | 話合いを生かして,自分に合った具体的な解決方法や個人目標を一人一人が「意思決定」する。 |

事後の活動

④ 決めたことの実践

| 決定したことについて,自己の役割を果たしたり,互いのよさを生かして協働して実践したりする。 | 意思決定した解決方法をもとに目標の実現に向けて,個人で実践し粘り強く努力する。 |

⑤ 振り返り

| 一連の実践の成果や課題を振り返り,次の課題解決に生かす。 | 実践を定期的に振り返り,意識化を図るとともに,次の課題解決に生かす。 |

次の課題解決へ

「話合いの充実」を図る学級会の事前の指導

> 課題解決の必要性を共有するとともに，話合いの計画を立て，解決に向けて自分の考えがもてるようにします。

● 議題「○○さんをむかえる会をしよう」（第3学年）を例に

① 問題の発見
C「転校してきた○○さんに学級のことを知ってもらい，仲よくなれるような集会がしたいな。」
T「なるほど。議題ポストに提案してごらん。」

② 議題の選定（計画委員会）
T「議題案をいくつか選びましょう。」
C「選ばれなかった議題案は，各提案者にどうするか伝えよう。」

③ 議題の決定（学級全員）
T「学級の全員に関係があって，今，話し合う必要がある議題はどれでしょう。」
C「今回は『○○さんをむかえる会をしよう』について話し合おう。」

④ 活動計画の作成（計画委員会・提案者）
T「提案理由や話し合うこと，話合いのめあてなど，学級会の計画を立て，準備をしましょう。」
C「学級会では，どんなことをするか，どんな工夫ができるか，などについて話し合おう。」

⑤ 問題の意識化
T「学級会ノートに自分の考えを書いておきましょう。」
C「活動計画をもとに，意見を掲示したり，進行の仕方を確かめたりしよう。」（計画委員）

議題の集め方

- 議題ポストへの提案から。
- 朝の会や帰りの会で，話題になったものから。
- 学級日誌などに書かれていることから。
- 係活動や当番活動の感想から。
- 代表委員会や各委員会などの児童会から依頼されたこと，または学級から児童会に提案したいことから。
- これまでの活動の振り返りから。

◎学級経営方針に基づいて教師が課題を示すことなども考えられます。

計画委員会での主な準備
- **「提案理由」を具体的な内容にします。**
◎提案者の思いを大切にしながら，「何のために活動するのか」「どのように活動するのか」を明確に示します。

【提案理由に入れる内容（例）】
① 現状の問題点（今，こうなっている）
② 考えられる解決の方法（こうすることで）
③ 解決後のイメージ（こうしたい，こうなりたい）

- **「話し合うこと」を決めます。**
◎1単位時間をかけて話し合う必要のある内容にします。
◎例えば，「何をするか」「どのようにするか」「役割分担はどうするか」などが考えられます。発達の段階を踏まえ，「どのようにするか」に重点を置くようにします。

- **「話合いのめあて」を決めることもあります。**
次のような場合，めあてを設定することもあります。
◎提案理由を明確にしたい場合。
◎前回の話合いの課題や，話合いの仕方をめあてとしたい場合。

- **役割を分担し，進め方や気を付けることを確認します。**
- **「決まっていること」を確認します。**

思いを実現し，豊かな学級や学校の生活を

● 学級活動「(1) 学級や学校における生活づくりへの参画」／議題「〇〇さん

事前の活動

① 問題の発見
　○学級生活がもっとよくなることやみんなでしたいこと，つくりたいものはないかなど，生活の中から議題を見つけます。

② 議題の選定（計画委員会）
　○学級の全員で話し合うべき問題かどうかを考え，議題を選定します。

③ 議題の決定
　○学級の全員に提示し，全員で議題を決定します。

④ 活動計画の作成（計画委員会）
　○提案理由や話し合うことを決め，学級会の進め方の計画を立てます。

⑤ 問題の意識化
　○学級活動コーナーなどを活用して，議題に対する意識を高めます。

○学級活動ノートに，自分の考えをまとめることで，自分の意見をもって話合いに臨んだり，理由を付けて発言したりすることができます。

○「きまっていること」を掲示することで，場所や時間，行うゲームの数など，話し合う上での「条件」を明確にして話し合うことができます。そのまま動かして黒板に貼るなどして，活用することもできます。

学級活動コーナー
きまっていること
① 6月27日（金）5校時
② 教室で行う
③ ゲームは2つ（30分間）

大まかなプログラムを示しておくことで何を決めるかが分かりやすくなります。

むかえる会プログラム
① はじめの言葉
② 歌
③ ゲーム
　　
　　
④ かんそう
⑤ おわりの言葉

(1)ア 学級や学校における生活づくりへの参画

児童の思いや願い・前時の振り返り・年間指導計画

議題や話合いの進め方の理解
● 議題の内容や話し合うことを理解し，提案理由やめあてに基づいて，一人一人が自分の考えを再確認したり，学級会の時間配分や進め方を共通理解したりします。

解決方法

出し合う
● 一人一人の思いや願いを大切にしながら，「話し合うこと」について自分の考えを発表し合います。

話し合うことの明確化
○今何について話し合っているかを矢印やマークなどで示し，集中して考えられるようにします。

見通しをもつために
○めやすの時間を示すことで，時間を意識して話し合うことができるようにします。
○重点を置く内容に，より多くの時間をかけられるようにします。

先生の話
○発達の段階や児童の実態を踏まえながら，今回の学級会でよかったことや次回への課題を話し，よりよく合意形成を図って話し合うことができるようにします。
○司会グループへの称賛，学級全体へ実践意欲を高める声掛けなども考えられます。

クイズとバスケットに分けて提示すると分かりやすいね。

つくる学級活動(1)

学級会では,児童の思いや願いを話合いの中心に据えて行います。教師は,発達の段階に応じた適切な指導・助言を行い,児童が提案理由を踏まえながら自分たちでよりよい合意形成ができるようにします。

「をむかえる会をしよう」(第3学年)を例に

話合い → 解決方法の決定 → 事後の活動 決めたことの実践

くらべ合う
- よりよい解決方法等を見つけるために,質疑応答を通して意見の共通点や相違点を確かめたり,賛成意見や反対意見などを述べたりしながら話し合います。

まとめる(決める)
- いろいろな意見の違いを認め合い,折り合いをつけるなどして,みんなの考えをまとめ,合意形成を図ります。

決めたことの確認
- 「集会の内よう」や「みんなのことを知って〇〇さんによろこんでもらう工ふう」を確かめ,実践への見通しをもつようにします。

むかえる会の内容
「フルーツバスケット」
「3の3クイズ」

〇〇さんをむかえる会の準備
- 全員で役割を分担し,協力して準備を行います。

教師の指導・助言
- 提案理由やめあてに沿って話合いが進められるように,指導助言を行います。
- 司会グループの児童だけではなく,全員に対して助言し,学級全体の話合いの力が高まるようにします。
- 相手を傷つけるような発言があったときは,適切な指導を行います。

- 話し合って決めたことを全員で協力し合って実践します。

楽しい会にして〇〇さんに喜んでもらいたいな。

三年生の板書例

六月二十日 第五回 学きゅう会
ぎだい 〇〇さんをむかえる会をしよう
ていあん理ゆう 三年三組に〇〇さんがてん校してきました。〇〇さんも,みんなもおたがいのことをまだあまり知りません。〇〇さんのことを知ることができるようなかんげい会をすることで,〇〇さんによろこんでもらいたいと思います。そうすることで,今よりもっとみんなが仲よくなって,え顔がふえると思ってていあんしました。
話し合いのめあて みんなのことを知って,よろこんでもらえるようなかんげい会の内ようと工ふうを決めよう。・友だちのい見につなげてはつ言しよう。
話し合うこと① ゲームは何をするか
リーダーさがし
フルーツバスケット
出し合う→くらべ合う

振り返り
- 学級活動ノートに振り返りの欄をつくるなどして,児童が実践の振り返りを行うことができるようにします。

提案理由やめあてを意識して,集会を行うことができましたか。

- 実践の様子や振り返りを学級活動コーナーに掲示したり,学級のあゆみとして残したりすることで,次の学級会や実践に生かすことができます。

思考の可視化・操作化・構造化
- 賛成・反対マークを色を変えて貼ることで,話合いの状況や経過が分かりやすくなります。
- 意見を書いたカードなどを操作しながら,意見を分類・整理することで,意見をくらべやすくなります。
- 必要に応じて,思考ツールなどを適切に取り入れることで,考えを深めたり,まとめたりすることにつながります。

次の課題解決へ

次の活動へつなげる学級会の事後の指導

> 話し合って決まったことや役割分担したことなどは，学級活動コーナーに示し，常に確認できるようにすることで実践意欲を高めます。

● 議題「○○さんをむかえる会をしよう」（第3学年）を例に

① 決めたことの確認・準備

T「決まったことや役割分担の確認をしましょう。」
C「役割や仕事の分担が決まったら，協力して準備をしよう。」
C「みんなが楽しくなるように工夫しよう。」

② 決めたことの実践

T「提案理由を意識して，みんなで協力して楽しい集会にしましょう。」
C「時間にも気を配って進めよう。」

【○○さんをむかえる会（例）】
① はじめの言葉
② 学きゅうの歌
③ みんなからのメッセージ
④ ゲーム
 ・フルーツバスケット
 ・3の3クイズ
⑤ かんそう発表
⑥ 先生の話 ── 個人や集団のよかったことを称賛し，実践意欲を高めるようにします。
⑦ おわりの言葉

③ 一連の活動の振り返り

T「提案理由やめあてを意識して，活動することができましたか。」
C「みんなが仲よくなって笑顔が増えたと思います。」
C「○○さんが喜んでくれたので，よかったと思います。」
○○「一言メッセージでみんなのことが分かってよかったです。」

実践

○合意形成をしたことをもとに役割分担し，全員で協力して，目標の実現を目指すようにします。
○友達と協力して準備し，仲よく実践する中で，自分のよさを発揮したり，互いのよさやがんばりに気付いたりすることができるようにします。
○学級の一員としての所属感を高めます。

振り返り

○実践後に，感想を発表したり，振り返りカードを書いたりして，反省だけでなく，互いのよさやがんばりを認め合うようにします。
○提案理由やめあてに沿った振り返りをします。
○よさを見付ける視点について指導し，自分の言動を振り返る自己評価や互いのよさを認め合う相互評価を取り入れ，成果と課題について整理することも大切です。
○事前・本時・事後の活動を振り返り，次に生かすことで成長することができます。

次の活動へのステップ

◎「振り返り」は，次の活動へのステップです。活動で得た「満足感」や「充実感」は，次の活動のエネルギーとなります。**振り返りを生かし**，新たな議題の提案など，次の課題解決へ結び付けるようにします。
◎活動の実践後に学級活動コーナーに実践したことを掲示し，活動の歩みを残すことも大切です。また，学級だより等を通じて，家庭にも活動の様子や成果を伝えることで理解と協力を得られるようにします。

学級生活を楽しく豊かにする 係活動・集会活動

> 係活動は，児童が自分たちの力で学級生活を楽しく豊かにするために話し合って係の組織をつくり，仕事を分担し，創意工夫して協力して実践する自発的，自治的な活動です。
> 集会活動は，教師の適切な指導のもと，児童が計画・運営しながら楽しく充実した学級生活や仲間をつくる活動です。

係活動の指導のポイント

係活動と当番活動の違いを明確に

教師が意識して指導するだけではなく，児童にも係活動と当番活動の違いが明確に理解できるようにします。低学年では，当番的な活動から，工夫が広がる活動になるように言葉かけを行うことが考えられます。

係活動	当番活動
学級生活を共に楽しく豊かにするために児童が仕事を見いだし，**創意工夫**して自主的，実践的に取り組む活動です。	学級生活が円滑に運営されていくために，学級の仕事を**全員で分担**し，担当する活動です。

創意工夫し，協力して係活動に取り組む

○ 係の種類や活動内容については，係ごとに考えたり，学級会等で話し合ったりして創意工夫して取り組めるようにします。
○ 学級の係活動全体が盛り上がるように，係活動コーナーやアイデアを出し合える係ポストを設置したり，朝の会や帰りの会で取組を報告し合ったりすることも効果的です。
○ 係活動発表会を行うことによって，互いの係のよさを認め合ったり，活動内容の工夫改善に生かしたり，係相互の交流や協力につながったりして，活性化が図られます。

> 活動のめあてに沿った振り返りを行うことも大切です。

集会活動の指導のポイント

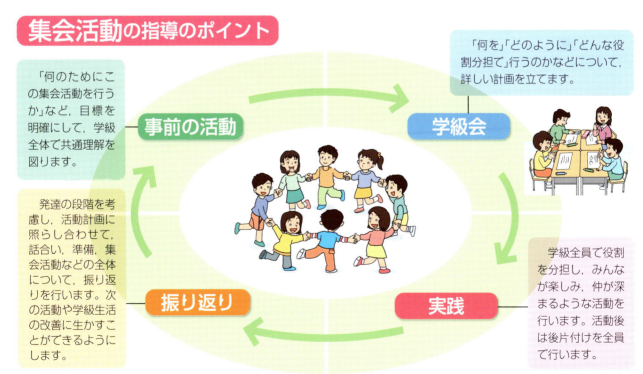

- 「何のためにこの集会活動を行うか」など，目標を明確にして，学級全体で共通理解を図ります。 → **事前の活動**
- 「何を」「どのように」「どんな役割分担で」行うのかなどについて，詳しい計画を立てます。 → **学級会**
- 学級全員で役割を分担し，みんなが楽しみ，仲が深まるような活動を行います。活動後は後片付けを全員で行います。 → **実践**
- 発達の段階を考慮し，活動計画に照らし合わせて，話合い，準備，集会活動などの全体について，振り返りを行います。次の活動や学級生活の改善に生かすことができるようにします。 → **振り返り**

多様な集会活動についてのオリエンテーションを行うことで，みんなでつくり上げるみんなのための集会にします。

【集会活動の例】
＜お楽しみ会的な集会活動＞ ゲーム集会／クイズ大会／○学期がんばったね集会
＜スポーツ的な集会活動＞大なわチャレンジ集会／学級オリンピック集会
＜文化的な集会活動＞ 学級音楽会／読書コンクール／新聞コンクール／劇の発表会

現在の自分を見つめ，自己の成長を考える

● 学級活動「(2)日常の生活や学習への適応と自己の成長及び健康安全」

(2)イ　よりよい人間関係の形成

事前の活動

アンケート

しつ問①
○友だちから仲間外れやむしをされたり，かげ口を言われたりしたことがありますか。

しつ問②
○友だちに対して仲間外れやむしをしたり，かげ口を言ったりしたことがありますか。

- 事前アンケートはグラフなどにし，教室内に掲示しておきます。
- グラフを見て気付いたことを簡単に交流しておくと，本時の課題につながります。

「仲間外れ，無視，陰口」をした経験，された経験がある小学生の割合は，9割以上です。
国立教育政策研究所
いじめ追跡調査より
平成28年6月

いじめの未然防止のためには，児童が，いじめの問題を自分のこととしてとらえ，正面から向き合うことができるかどうかが大きなポイントといえます。
「いじめ防止等のための基本的な方針（平成25年文部科学大臣決定，平成29年最終改定）」には，いじめ未然防止のための教育活動として，学級活動の重要性が示されています。

年間指導計画

つかむ　課題の把握
- アンケートをもとに，学級の実態を把握できるようにします。
- グラフなどから学習することの意義に気付き，自分の課題を明確にできるようにします。
- 写真やビデオ映像なども資料として活用できます。

さぐる　原因の追求，必要性の実感
- 原因を明らかにして，解決に向けての方向性をはっきりとさせます。
- 改善の必要性を実感し，改善すべき点に気付くようにします。

私も，友だちにいやなことをされたことがあるな。

どんなことが原因でトラブルになるのかな。

四年生の板書例

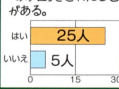

12/8　友だちを大切に

つかむ

グラフ①
「仲間外れ」「むし」「かげ口」をしたことがある。
はい　8人
いいえ　22人

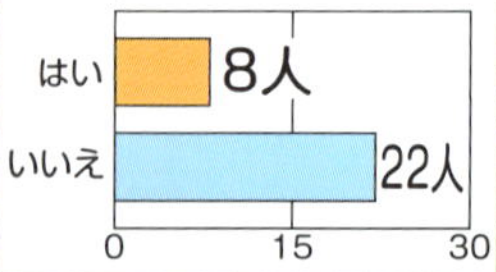

グラフ②
「仲間外れ」「むし」「かげ口」をされたことがある。
はい　25人
いいえ　5人

- 多くの人が，人がいやがることをしていないと思っている。
- かげ口や仲間外れについて「したことがある」人は少ないのに「されたことがある」人は多い。
- 自分では気が付かないうちに言ってしまっているかもしれない。

さぐる
「仲間外れ
・カッと
・いやな
・決ま
から

見つ
なかよく
・やさし
「ありが
・むっと
・休み時
「一し

- 児童の問題意識を高めるために，資料等を活用します。
- 学習の流れが分かるように事前に板書計画を立てます。
- 生活を振り返り，原因を明らかにします。

学級活動（2）

資料を効果的に活用し，日々の生活の向上のために，児童一人一人が自らの生活や学習の目標を決め，その実現に向けて取り組むことができるようにします。

題材「友だちを大切に」（第4学年）を例に

見つける
解決方法等の話合い

- みんなで話し合い，視野を広げて個人目標の意思決定へ向かっていけるようにします。
- 情報交換の場の設定，資料となる情報の提供が効果的です。
- 養護教諭や栄養教諭などと連携を図って指導を工夫します。

どんな解決方法があるか，みんなで話し合おう。

話合いにより，個々の考えを深めたり，広めたりします。

決める
個人目標の意思決定

- 強い決意をもって，個に応じた，具体的な実践方法やめあてが決められるようにします。
- 自分の課題に沿って実現可能で自己評価できる内容にします。

私は，このめあてや方法でやってみよう。

今ここ ⑦ 決める

これからがんばること
- 友だちに声をかけることが少なかったので，自分から友だちをさそって遊ぶ。
- こまっている友だちを見かけたら，声をかける。
- 一日5回いじょうやさしい言葉で話しかける。
- 友だちの悪口を言ったことがあるので，これからは，自分がされていやなことは人にはぜったいにしない。

具体的な実践方法を一人一人が意思決定できるようにします。

事後の活動

実行する
決めたことの実践

がんばりカード（例）

友だちを大切に

1　わたしの目ひょう

　毎日，友だちにやさしいことばを5回以上かける。

2　行動をふりかえろう！

15日	16日	17日	18日	19日
◎	○	◎	◎	○

振り返り

1週間程度やってみて，実践状況を話し合う。

この1週間，自分の目標に向けて，とてもよくがんばることができた。

帰りの会などでも実践を振り返りましょう。

これからも，よりよい生活をつくっていこう。

- 定期的に振り返りの時間を設け，**実践意欲の継続化**を図りましょう。
- 学年，学級だより等で家庭と連携し，**日常生活での意識化**を図りましょう。

次の課題解決へ

将来を見通し，なりたい自分に向けて努力

● 学級活動「(3)一人一人のキャリア形成と自己実現」／題材「中学校生活

事前の活動

6年生をふり返って

今の自分と将来の自分をつないで考えられるように，また，自分の成長を自分自身で認識できるように，ポートフォリオ的な教材等を活用することが考えられます。

6年生の1年間をふり返ってみましょう。**今までに記入している学級活動ノートを読み返したり，ふり返って新たに気付いたことを書き加えたりします。**

① 6年生になって立てた目標は何でしたか。

② 6年生で一生けん命取り組んだことは何ですか。

③ この1年間で，どんな力がついたと思いますか。

④ この1年間で気付いた自分のよさは何ですか。

事前のアンケート
中学校生活に向けて

○どんな中学生になりたいですか。

○楽しみにしていることは何ですか。

○不安なことは何ですか。

○小学校のどのような経験を生かしたいですか。

○自分のよさを，どのようなことに生かしてみたいですか。

(3)ア 現在や将来に希望や目標をもって生きる意欲

年間指導計画

つかむ：課題の把握
- アンケート等を活用して，題材を自分事として捉えます。
- 題材について，将来と今とのつながりや学習することの意義，将来の展望などについての課題をつかむようにします。

さぐる：原因の追求，可能性への気付
- これまでの自分を振り返り，「なりたい自分」について自分の願いをもったり，よさや可能性を探ったりします。
- 学級活動ノート，写真や映像などを活用すると効果的です。

- 中学生になるにあたって，不安もあるけれど，楽しみなこともたくさんあるね。
- こんな自分になりたいな。
- 小学校のときの経験や自分のよいところを生かしてみたいな。

六年生の板書例

2/26 中学校生活に向けて　なりたい中学

つかむ　さぐる

中学に向けて楽しみなことや不安なこと（グラフ：勉強，部活，友達，先生，先輩，学校行事，給食／楽しみ・不安）

中学校生活の楽しさや，やりがいを知ろう。
- 楽しい学校行事
- 熱中する部活動
- 真剣に取り組む学習

中学生になって生かしたいこと
- 得意なこと ── サッカー，ピアノ
- 経験したこと ── なかよし活動でリーダーを務めた。
- がんばったこと ── ○○委員会の仕事に責任をもって取り組んだ。
- 自分のよさ ── 元気，ねばり強い，やさしい

事前のアンケートをグラフにし，視覚的に捉えられるようにします。

学級活動ノート等を活用し，自分の成長を実感できるようにします。

する学級活動（3）

特別活動はキャリア教育の要としての役割を担っています。これまでの活動を振り返るとともに、これからの学びや生き方を見通し、個人目標について意思決定をします。児童一人一人が自らの生活や学習の目標を決め、その実現に向けて実践します。

「に向けて」（第6学年）を例に

態度の形成　｜　事後の活動

見つける → **決める** → **実行する**

解決方法等の話合い → 個人目標の意思決定 → 決めたことの実践

- 小グループや学級全体での話合いを通して、「なりたい自分」を追求するためにできることなどを広げます。
- 情報交換の場の設定、資料による情報提供、ゲストティーチャー等の活用も効果的です。

- 強い決意をもち、自分に合った具体的な個人目標や実践方法が決められるようにします。
- 自分の力で実現できるとともに、自己評価できる内容にします。

意思決定したことを実践し記録する。

今の自分のことをよく理解し、自分に合っためあてを立てるようにしましょう。

振り返り

期間を決めて取り組み、実践状況を話し合う。

自分の目標を達成できたぞ。次はどんなことをがんばろうかな。

帰りの会などでも実践を振り返りましょう。

努力することは**これからの生活でも**、とても大切なことなんだね。

- みんなで話し合ってどんなことに取り組んだらよいか、考えを広げよう。
- 今から卒業までに取り組むことを決めてがんばろう。

について考えよう

 見つける　｜　決める　今ここ

なりたい中学生に向けて、今から取り組むことを、友達の考えを参考にしてたくさん見つけよう。

今から取り組むこと

学校行事
- 体育祭で活躍するために、ねばり強さを生かして、毎日運動する。
- 合唱祭でみんなといい合唱にするために、音楽の授業をがんばる。

部活動
- 部活動で活躍するために、クラブ活動や習い事を一生けん命にやる。

学習
- 得意な国語をさらに伸ばせるように、読書を続けていく。

・がんばりカードを書こう

「中学校生活に向けて」がんばりカード
年　組
どんな中学生になりたいですか。
- 勉強と部活を両立する。

・なりたい中学生に向けて、特にがんばること。

| ピアノの練習を毎日30分間行う。 | 毎日うで立てふせを30回行う。 | 今まで読んだことのないジャンルの本を毎日5ページ以上読む。 |

話合いにより、一人一人の考えを深めたり、広げたりします。

充実した楽しい中学校生活にするために、一人一人が努力することを、具体的に意思決定できるようにします。

- 定期的に振り返りの時間を設け、**実践意欲の継続化を図る**とともに、**今後の生活の仕方を意識**できるようにしましょう。

よりよい自分へ

自発的，自治的な活動で，学校生活を楽しく豊かにする

代表委員会

問題を発見しよう

議題例として，「1年生を迎える会」，「6年生を送る会」，児童会集会活動の計画等があります。

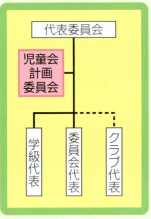

児童会ポスト等や活動計画より	児童会ポストには「ろう下・階段を走る人が多くて危ない」というのが入っていました。安全に学校生活にするために，提案します。
学級からの提案より	私たちのクラスでは，学校の落ち葉が多くなったので，みんなでそうじをしたいという意見が出ました。全校で取り組み，きれいな学校にしたいので提案します。
各委員会より（図書委員会より）	読書週間が近いので，全校のみんながたくさん本を読んでくれるようにしたいです。今年は全校でキャンペーンをして，盛り上げたいので，提案します。
（体育委員会より）	全校のみんながなわとびが上手になるように，お昼休みになわとび大会を開きたいので，提案します。
低学年の先生より	低学年の子供たちは，たてわり班のお兄さんやお姉さんたちともっと遊びたいとよく言っていますよ。「なかよし集会」など，交流する活動ができたらいいですね。

代表委員会の計画や運営を行う組織として，児童会計画委員会を設置します。児童による自発的，自治的な活動となるように，教師の適切な指導のもと，児童が年間の活動計画を立てるなど，計画や運営に取り組むようにします。

活動を振り返り，次に生かそう

実践を**定期的に振り返り**，意識化を図るとともに，実践の継続や新たな課題の発見につなげます。

決まったことを知らせ，実践しよう

決まったことは，児童会新聞や校内放送等で全校に知らせます。各委員会の活動や児童会集会活動と結び付けて取り組むと効果的です。

〈児童会集会活動〉

ブック大好き集会

【司会】・・・集会委員会
【飾り】・・・掲示委員会
【放送】・・・放送委員会
【プログラム】・・・新聞委員会

異年齢集団による交流

児童会が計画や運営を行う集会，遠足，遊び，給食等の活動において，学年や学級が異なる児童と共に楽しく触れ合い，交流を図ります。

上学年

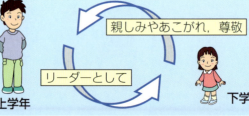
親しみやあこがれ，尊敬
リーダーとして

下学年

中心となって活動を進める高学年の児童が，リーダーとしての経験を重ねながら自分の役割を果たします。

学校として，児童会活動とは別に日常生活の中で継続的に異年齢交流を行う活動を設定している場合は，育成する資質・能力を明確にした上で，児童会活動における「異年齢集団による交流」と連携を図って指導することが大切です。

児童会活動

児童会は全校の児童をもって組織する異年齢集団です。児童会の活動は，学校の全児童が主体的に参加できるようすることが大切です。代表委員会を中心にして，主として高学年の児童が計画や運営を行います。異年齢集団の活動や学校行事への協力を積極的に行うことで，児童が自ら学校生活を豊かにすることができます。

話し合おう・みんなで決めよう

ここでは，例として，読書週間に向けての全校での取組について代表委員会で話し合い，児童集会活動「ブック大好き集会」を実施する流れを示します。

① 児童会計画委員会で，議題を決め，全校に知らせ，各学級や各委員会で自分たちができる活動について話し合ってもらう。
② 各学級代表，各委員会代表，クラブ代表（議題による）が集まり，代表委員会を開き，話し合う。

低学年・中学年の意見も事前に調査しておくなど，話合いに反映できるように工夫します。また，**決まったことも必ず伝えることができる仕組み**をつくることで，**学校への所属感**が高まります。

話合いの時間は，高学年の児童や各学年の教師が参加したり，参観したりしやすい時間に設定して，**年間を通して活動ができるよう工夫**することが大切です。

話合いは，**学級活動の経験を生かして**行います。話合いのグッズも全校統一しておくとスムーズに進めることができます。

学級の意見は朝の時間等を利用して，委員会の意見は事前の委員会の時間を利用して話し合ったことを代表委員会に持ち寄ります。

議題や提案理由については，**児童会新聞や校内放送等で全校に知らせます。提案者の思いや願いを**しっかり伝えることが大切です。

委員会活動

主として高学年の全児童が，いくつかの委員会に分かれて，学校全体の生活を共に楽しく豊かにするための活動を分担して行います。
※委員会の所属は通年制で行うことが望ましい。

○児童の発意・発想を生かし，創意工夫します。
○一人一人の児童が，責任や役割を果たし，自己有用感や学校への所属感を高めることができるようにします。
○活動の諸問題について話し合って合意形成を図ったり，協働して取り組んだりして，異年齢集団における人間関係をよりよく形成できるようにします。

集会　新聞　放送　図書　環境美化　飼育栽培　健康　福祉ボランティア　給食　運動

設置する委員会の種類の一例です。これ以外にも，各学校の教育の重点に関連させて設置することも考えられます。

共通の興味・関心を異年齢集団で追求する

オリエンテーション

クラブ活動の目標や意義，活動内容，クラブ例など，活動を行う上で必要となることについて理解できるようにします。

● クラブ見学の前に行います。

第3学年の終わりに実施しましょう。第4・5学年において実施することも考えられます。

自分が興味をもって活動できるクラブを選びます。自分が何をしたいのかを大切にします。

- 好きなことや興味のあることを楽しむ活動です。
- 上級生と下級生が助け合って活動します。
- みんなで考え，計画を立てて活動します。

自分で選ぶことができるから，クラブ活動は楽しいな。

自分たちで計画できるってうれしいよね。

クラブ見学・体験

次年度，どんなクラブに所属するかを決めるときの参考にするために，クラブの活動を見学したり体験したりします。

クラブ活動への関心を高め，よりよい選択につなげられるように指導します。

クラブ見学カードを用意して，見学する順番や感想などを記入できるようにします。

体験させてもらって，そのクラブの楽しさがよく分かりました。来年のクラブ活動が楽しみだな。

クラブの設置と所属

児童の共通の興味・関心を追求する活動であることを踏まえ，児童の希望を尊重したクラブ活動の組織づくりをします。

- 異学年の児童が所属し，協力して活動できるようにします。
- 年間を通して，継続して活動できるようにします。
- 活動場所を確保し，用具を整備するなど，活動の環境を整えます。
- 地域や学校の特色，伝統にも考慮します。
- 学校の約束を守り，安全に活動できるようにします。
- 個人に高額な負担がかからないようにします。

　児童が設置してほしいクラブを調査して，児童の希望を第一に，学校の職員数や設備なども考慮しながら，教師が設置クラブを決定する方法が一般的ですが，児童の主体的な選択を尊重するための様々な工夫が考えられます。
　児童の参画意識を高めるためにアンケート，希望調査などを生かす方法や，児童がつくりたいクラブを提案して仲間を募る方法もあります。

クラブ活動

クラブ活動は，主として第4学年以上の同好の児童によって，共通の興味・関心を追求する活動です。クラブ活動の目標が十分に達成され，三つの内容が行えるように，年間，学期ごと，月ごとなどに適切な授業時数を確保します。また，年間の行事予定や時間割に明確に位置付けて，継続的な活動ができるようにします。

(1) クラブの組織づくりと計画や運営

年度当初に，クラブに所属する全員の児童が話し合って活動計画を立て，役割を分担して運営します。

- 教師が作成した指導計画に基づき，児童が協力して活動計画を立てることを支援します。

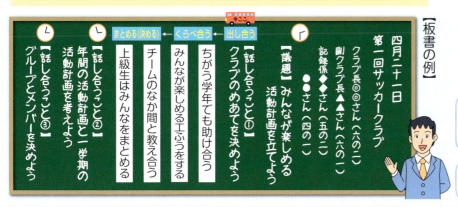

【板書の例】
四月二十一日　第一回サッカークラブ
クラブ長◎◎さん（六の二）
副クラブ長▲▲さん（六の一）
記録係■■さん（五の二）
　　　　●●さん（四の一）

【議題】みんなが楽しめる活動計画を立てよう

【話し合うこと①】クラブのめあてを決めよう
・ちがう学年でも助け合う
・みんなが楽しめる工ふうをする
・チームのなか間と教え合う
・上級生はみんなをまとめる

【話し合うこと②】年間の活動計画と一学期の活動計画を考えよう

【話し合うこと③】グループとメンバーを決めよう

出し合う → くらべ合う → まとめる（決める）

はじめの言葉
出せきかくにん
今日の活動内容とめあて
活動（し合・練習・し合）
後かたづけ
ふり返り
次の活動のかくにん
先生の話
おわりの言葉

1単位時間についても計画を立て，見通しをもって主体的に活動を進めます。

クラブ活動の話合いも，学級会の経験を生かします。

(2) クラブを楽しむ活動

年間，学期，毎時の活動計画に基づいて，創意工夫しながら異学年の友達と仲よく協力しながら，共通の興味・関心を追求して楽しみます。

- 技能の上達だけが目的ではありません。仲間と協力して活動できる喜びを実感できるようにします。
- 発達の段階や経験の違いによる技能差に配慮し，ルールや実施方法等を工夫します。
- 準備から運営まで児童が主体の活動ですが，教師は安全上の配慮や児童の見取りを大切にします。
- 上級生が下級生を思いやり，下級生が上級生に尊敬や憧れの気持ちをもてるように支援します。

活動
分担された役割を果たしたり，活動を楽しんだりします。

コンピュータクラブ

和菓子クラブ　　太鼓クラブ

バスケットボールクラブ

ダンスクラブと器楽クラブの交流

科学クラブ

振り返り
活動を振り返り，次の活動に生かします。

活動記録カードをクラブファイル等にためることで，児童が自分の成長を認識することもできます。

活動によっては，クラブ同士や地域の人との交流も考えられます。

クラブ活動の経験から，自分のよさや可能性を広げ，将来の生活に生かすことができます。

(3) クラブの成果の発表

クラブ発表会等で，自分たちのクラブのよいところや活動の成果を全校児童や地域・保護者に発表し，児童の活動意欲を高めます。

クラブ発表会のほかに，学校行事での発表や，地域の人々への発表，校内放送，展示などの方法で発表することも考えられます。

運動会のときの器楽クラブの演奏がすてきだったな。来年は器楽クラブに入りたいな。

学校の特色を生かし，学校生活の折り目や彩りと

- 五つの種類の学校行事をすべての学年で行います。それぞれの学校行事のつながり
- 学校行事の指導ではオリエンテーションが大切です。その学校行事を行う意義を児童

（1）儀式的行事
清新な気持ちを味わい生活に折り目をつくる

［入学式・卒業式・始業式・修了式・離任式・周年行事・朝会 等］

● 教師の語りかけの例

始業式は一つの区切りです。支えてくれている人たちに感謝して，これから，どんな自分を目指すのかを決める学校行事です。

卒業式は，6年間の最後の授業です。中学校生活に向けて，新たな希望をもつ行事です。

（2）文化的行事
文化や芸術に親しみ豊かに生活する

［音楽会・学習発表会・展覧会・学芸会 芸術鑑賞会 等］

● 教師の語りかけの例

学芸会は，これまで学習したことを生かし，自分らしく活躍したり，友達のよさを見つけたりする学校行事です。

学習発表会は，日頃の学習成果を発表して美しいもの，よいものをつくり出す学校行事です。

（3）健康安全
健康な心と体，

［運動会・なわとび 避難訓練・防災訓］

● 教師の語りかけの例

運動会は，一杯挑戦しして協力し，つくっていく

防災訓練や交通安全教室は，事件や災害から身を守り安全に行動する方法態度を身に付ける学校行事です

● **学校行事は，教師の適切な指導の下，児童の主体的な活動を促します。**

卒業式は大事な儀式だから，座る姿も気を抜かず，6年生のために，私たち在校生が緊張感をもって参加しよう。

今年の運動会も応援団で盛り上げよう。応援の仕方をみんなで考えて，下級生に教えてあげよう。

地域の清掃活動では，美化委員会が地域の方たちに招待状を出してみてはどうかな。ポスターを作って貼るのもいいね。

全校遠足では，異学年グループを活用して，どの学年でも楽しめるようなゲームを行って絆を深めよう。

音楽会では 歌詞の意味を考えながら歌おう。パート練習は，お互いに教え合いながら，ハーモニーの美しさをみんなに伝えられるようにしよう。

集団宿泊活動では，普段見られない昆虫や植物を探して自然に親しんだり，友達と声をかけ合い協力してオリエンテーリングをしたりしてもっと仲よくなろう。

◎ 学校行事の種類によって，一部を児童の発意・発想を生かした計画に基づいて実施したり，児童会の活動内容を生かした活動を取り入れて実施したりすることも考えられます。

児童同士のつながりが深まり，どの子にも居場所をつくります

主体的な活動の経験は，学級こ

特別な配慮が必要な子供も自分らしく，思い切り活躍できるのよね。

こんな仲間と出会えて私は最高に幸せです。

全校のために，しっかり働こう。みんなが喜んでくれてうれしい。

学校行事を通して子供がまとまって，一つの目標に向けて協力して取り組むことで，いい学級になってきたな。

> 学校行事は，学校や学年など大きな集団で児童が協力して行う活動です。仲間と一緒に感動した本物の体験は，学校生活を豊かにします。また，児童が所属感や連帯感を実感することも，共生社会の担い手を育てることにつながります。

なる学校行事

を意識できるようにし，児童の力を伸ばします。
が理解し，各自が目標をもって取り組むことができるようにします。

体育的行事
な生活をつくる

〔会・健康診断・〕
〔　　等　　　　〕

の目標に向かって精
人一人が責任を果た
してよりよい学校を
行事です。

（4）遠足・集団宿泊的行事
互いを思いやり，協力し合うことの大切さを知る

〔遠足・自然教室・修学旅行 等〕

●教師の語りかけの例

 遠足は豊かな自然や文化に触れる体験や，校外における集団活動を通してふれあいを深める学校行事です。

 自然教室は自然に触れて理解を深めて，自然を守り，共に生きていく大切さを学ぶ学校行事です。

集団宿泊活動は一定期間（5日間程度など）にわたって行うと効果的です。

（5）勤労生産・奉仕的行事
人の役に立つ喜びを知る

〔大掃除・飼育栽培活動・地域清掃活動・〕
〔福祉施設との交流 等　　　　　　　　〕

●教師の語りかけの例

 大掃除は，お世話になった教室に感謝の気持ちをもって，自分たちの学校をきれいにし，みんなで気持ちのよい学校をつくっていく学校行事です。

 地域清掃活動は，地域の方と協力しながら，一緒に掃除をし，よりよいまちをつくっていく学校行事です。

● 振り返りでは，オリエンテーションで確認した学校行事の意義や自分で考えた目標に沿って考えるようにします。
 ● 準備や練習のときから，活動後に各自の振り返りを言葉等で共有する時間をとります。
 ● 自分の成長を残すことができるように，学校行事の活動を文章にまとめたり絵を描いたりします。

振り返りの視点
・目標がどの程度達成できたかを確認する視点
・自他のよさと課題を見つける視点
・学校行事による学びを日常に生かしていこうとする視点
・新しい目標を設定し，次の活動につなげようとする視点

経験したことを，言葉でまとめたり，発表し合ったりする際の方法例

【話す・聞く】 みんなの前で各自が振り返りを発表し，互いの振り返りから自分の考えを深める。
【書く・描く】 学校行事の感想を書いて文集にまとめる。
　　　　　　　学校行事ファイルを作って，振り返ったことを書きためる。
　　　　　　　お世話になった方へのお礼の手紙を書く。
　　　　　　　他の学年の演技の感想を書き，大きな模造紙などにまとめて貼る。
【 発表する 】 学校行事で学んだことを他の学年や保護者に伝える。

う教科等の学習にも役立ちます　　**保護者や地域への活動の発信は，信頼や協力を得ることにつながります**

体験活動のまとめや振り返りを重ねることで，子供の普段の学習や生活にも主体性や積極性が高まりました。

地域とも連携した運動会になれば，地域も元気になりますね。町内会でも協力したいと思っています。

子供が生き生きしているよい学校だと，地域で評判です。

特別活動の充実につながる教室環境の工夫

『学級のあゆみ』の視覚化

学級会で話し合って実践した活動や学校行事などの体験活動を「学級のあゆみ」として掲示することで，学級としての歴史を視覚化でき，自分たちの成長を振り返ることにつながるとともに，学級への愛着や誇りが芽生えます。

○組 学級のあゆみ

4月
○年○組が36人でスタート！
「どうぞよろしくの会」をやって仲よくなったよ。

5月
○○公園への遠足
バスレクでやった○○ゲームが楽しかったね。バスレク係さんありがとう！

感動したことや学全体で共有するこぞれの活動をより豊残すことができま真を貼って振り返り学校行事や1年間の示したりすることも

学級活動コーナーの設置

学級活動コーナーに，事前に議題等を厚紙等を活用して掲示しておきます。学級会の計画委員会で使う道具を設置しておくことで，児童が自由に活用できます。

また，学級会に向けた活動の流れを掲示しておくことで，児童が活動の見通しをもって計画，運営ができるようになります。さらに，議題を短冊にしておくと，学級会の板書の掲示にそのまま使ったり，お知らせや記録に使ったりすることができます。

児童会活動・クラブ活動のお知らせ

委員会活動や代表委員会，クラブ活動に関わるお知らせコーナーをつくり，児童の意欲を高めます。

文具・活動資料

学級会や係活動，集会活動等において，児童が主体的に活動できるように，自由に使える文具を用意しておくことが大切です。

また，学級会や係活動，集会活動等のための資料や本などを児童が活用できるようにしておくことで，活動内容を創意工夫することにつながります。

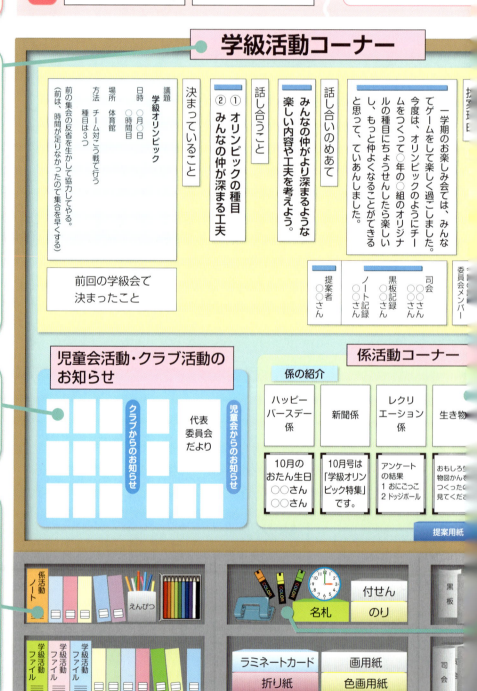

学級活動の指導において，掲示物をはじめとして教室環境を工夫することは児童への意欲付けに効果的です。教室内の様々な掲示物と関連させた事前・事後指導を行うことで，児童が自主的，実践的に生活向上に取り組んだり，主体的に自分の生活改善に努めたりするなど，実践への意欲が高まります。

学級活動(2)，(3)の指導においても，給食や掃除の当番表，校内のきまり，学習の仕方に関わる掲示などと関連させて指導すると効果的です。活動の継続や振り返りにも掲示物を活用することができます。

はなしかた あいうえお
- あいてにきこえる 大きさで
- いそがず ゆっくりと
- うつむかないで
- えがおでいきいきと
- おわりまで はなそう

話し方・聞き方
(3)ウ 主体的な学習態度の形成と学校図書館等の活用

掲示物を活用して，「自分の考えを分かってもらおう」「友達の考えを分かろう」とする姿勢を生かす話し方・聞き方について，学級会や教科等の学習の際に適切に指導することができます。

生活目標の取組例
(2)ア 基本的な生活習慣の形成

生活目標や学校の決まりなどの掲示と関連させて，「(2)ア 基本的な生活習慣の形成」に関する実践的態度に結び付く効果的な指導をします。

係活動コーナー
係活動のコーナーを作って係のメンバーや活動の目標を掲示し，振り返りができるようにします。活動のアイデアを募集する係ポストや係活動ノート（係で話し合ったことなどを記録する）などを児童がすぐに手にとれるようにしておくことは，活動の充実につながります。

保健だよりや給食だより等の活用例
(2)ウ 心身ともに健康で安全な生活態度の形成

保健目標や保健だより，避難経路などの掲示と関連させて健康で安全な生活が送れるように指導します。

(2)エ 食育の観点を踏まえた学校給食と望ましい食習慣の形成

学級活動の時間に取り上げる食に関する指導では，学校給食を教材として活用します。その指導においては，給食献立表や関連の掲示物を効果的に扱うなど，多様な指導方法を工夫します。

議題ポスト（提案用紙）
議題ポストを設置することで問題意識を高め，指導したいときにすぐ議題を提案することができます。取り上げられなかった議題も大切にし，どのように扱うか返事をするなど，提案者の思いを大切にします。

当番や日直
(3)イ 社会参画意識の醸成や働くことの意義の理解

当番活動などについて，学級活動(3)の授業で取り上げ，単なる与えられた役割を果たすだけではなく，働くことの意義の理解につなげます。

学級会グッズのあれこれ
学級会の板書に使うカード（議題，決まっていること，時計カード，決定マーク，短冊，ネームカード等）

特別活動の目標

集団や社会の形成者としての見方・考え方を働かせ，様々な集団活動に自主的，実践的に取り組み，互いのよさや可能性を発揮しながら集団や自己の生活上の課題を解決することを通して，次のとおり資質・能力を育成することを目指す。
（1）多様な他者と協働する様々な集団活動の意義や活動を行う上で必要となることについて理解し，行動の仕方を身に付けるようにする。
（2）集団や自己の生活，人間関係の課題を見いだし，解決するために話し合い，合意形成を図ったり，意思決定したりすることができるようにする。
（3）自主的，実践的な集団活動を通して身に付けたことを生かして，集団や社会における生活及び人間関係をよりよく形成するとともに，自己の生き方についての考えを深め，自己実現を図ろうとする態度を養う。

今こそ，特別活動の充実を！

各教科等で育成した資質・能力を，実践的な活動を通して，社会生活に生きて働く汎用的な力として育成します。

学級経営に役立ちます

- みんなでよりよい学級生活を目指す活動を通して，**学級集団の協働性**を高めます。
- 役に立つ喜びを実感し，互いのよさを認め合う活動で，**一人一人が大切にされる学級**になります。

学力向上につながります

- 学級会などで身に付けた**集団で問題を解決していく力**は，各教科等の学習に生かされます。
- 児童が自主的によりよい生活や人間関係を築くことにより，**学び合う学級の雰囲気**がつくられ，**学ぶ意欲**が高まります。

キャリア教育の要です

- 学級や学校の一員として役割を果たすことにより，**自立して生きる**ために必要な能力や態度を育てます。
- よさや可能性を生かして努力する活動を通して，**なりたい自分の実現**につなげます。（キャリア形成）

生徒指導上の問題を未然防止します

- 互いの人格を尊重し合って生きることの大切さを学ぶことにより，**いじめの未然防止等**につながります。
- 自分で決めて，自分でがんばる活動の場や機会を通して，**自己指導能力**を高めます。

道徳的実践に結び付きます

- 特別活動における集団活動や体験活動は，**道徳的な実践の中心的な学習活動の場**として，**道徳教育において重要な役割**を果たします。
- 実践を通して学ぶ特別活動と，心を育てる道徳科を関連させることにより，**自己の生き方についての考え**を深めます。

総論

学習指導要領改訂のポイント

「社会に開かれた教育課程」「カリキュラム・マネジメント」とは？　28

特別活動における「見方・考え方」「資質・能力の三つの柱」とは？　29

特別活動で育てる資質・能力の重要な三つの視点とは？　30

特別活動における「主体的・対話的で深い学び」の実現とは？　31

自発的，自治的な活動で高める「自治的能力」とは？　32

自己指導能力や自己有用感の育成と生徒指導の充実とは？　33

学級経営の充実と学力向上の関係は？　34

キャリア教育の要としての期待とは？　36

道徳的な実践の重要な機会と場にするためには？　38

特色ある学校づくりに生かすためには？　40
特別活動の充実に資するための評価の工夫は？

I

学習指導要領改訂のポイント

「社会に開かれた教育課程」「カリキュラム・マネジメント」とは？

子供たちに求められる資質・能力とは何かを社会と共有し連携する「社会に開かれた教育課程」や，教育活動の質の向上を図る「カリキュラム・マネジメント」が重視されています。

① 社会に開かれた教育課程と特別活動

子供たちが社会において自立して活躍することをねらいとして，学校が地域・家庭との連携・協働により「社会に開かれた教育課程」を実現することが大切です。

このことについての中央教育審議会初等中等教育分科会教育課程部会の考え方は，次のように整理することができます。

社会に開かれた教育課程

社会や世界の状況を幅広く視野に入れ，よりよい学校教育を通じてよりよい社会を創るという目標を持ち，教育課程を介してその目標を社会と共有していくこと。

これからの社会を創り出していく子供たちが，社会や世界に向き合い関わり合い，自らの人生を切り拓いていくために求められる資質・能力とは何かを，教育課程において明確化し育んでいくこと。

教育課程の実施に当たって，地域の人的・物的資源を活用したり，放課後や土曜日等を活用した社会教育との連携を図ったりし，学校教育を学校内に閉じずに，その目指すところを社会と共有・連携しながら実現させること。

(教育課程部会「『社会に開かれた教育課程』を実現するために必要な方策について」，平成28年4月20日)

これらのことを踏まえ，特別活動においては，次のような活動の充実が求められます。

- 学級活動(1)やクラブ活動，児童会活動を中心とした自発的，自治的な活動等に地域の方の協力を得る活動の充実

- 社会参画の意識の醸成や，地域や社会において自己実現を目指すことができるようにするための学級活動(2)や(3)の授業の充実

- 学級活動や児童会活動，クラブ活動を通した地域行事への参画や，地域や学校の特色を踏まえた学校行事の充実

- 特別活動の目標を地域と共有した教育活動を展開し，地域の人的・物的資源を活用する活動の充実

② 特別活動の特質を生かしたカリキュラム・マネジメント

カリキュラム・マネジメントとは？

各教科等の教育内容を相互の関係で捉え，学校の教育目標を踏まえた教科横断的な視点で，その目標の達成に必要な教育の内容を組織的に配列していくこと。

(1) 身近な社会である学校において，各教科等で育成した資質・能力について，特別活動の実践的，体験的な活動を通して社会生活に生きて働く汎用的な力として育成する（次はイメージ図）

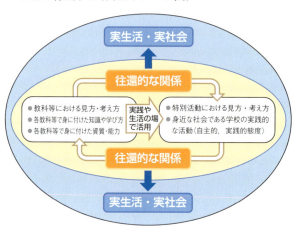

(2) 教科横断的なテーマに即して，教科等との関連を図りつつ特別活動にしかできない指導を行う

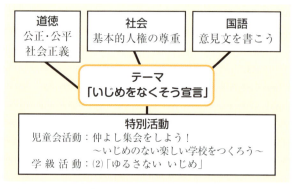

(3) キャリア教育の要としての役割を果たす

学校における全教育活動を通して行われるキャリア教育の要として，特別活動の特質を生かした役割が期待されています。

※これらカリキュラム・マネジメントは，関連する各教科等の指導計画に位置付け，全教職員の共通理解の下に指導できるようにします。

学習指導要領改訂のポイント

特別活動における「見方・考え方」「資質・能力の三つの柱」とは?

特別活動における「見方・考え方」が示されたり，育てるべき資質・能力を三つの柱に沿って目標が整理されたり，特別活動でも他の教科等と同様に，目標を共通の枠組みで示しています。

① 集団や社会の形成者としての見方・考え方

特別活動は，各教科等における見方・考え方を総合的に働かせて，集団や社会における問題を捉え，よりよい人間関係の形成，よりよい集団生活の構築や社会への参画及び自己の実現に関連付けることとして整理されました。(『小学校学習指導要領解説　特別活動編』第2章第1節1(2))

具体的には，集団や社会の形成者としての見方・考え方として，次のようなことが考えられます。
- 年齢や性別といった属性，考え方や関心，意見の違い等を理解した上で認め合おうとする見方・考え方
- 互いのよさを生かすような見方・考え方
- よりよい学級・学校生活づくりなど，集団や社会に参画し，様々な問題を主体的に解決しようとする見方・考え方
- 集団での関わりを通して，自己の理解を深め，自己のよさや可能性を生かす力を養うとともに，自己の在り方生き方を考え設計しようとする見方・考え方

など

これらは，社会生活に生きて働く汎用的な見方・考え方にもつながります。例えば，学級活動(1)で育てた見方・考え方は，やがて職場や地域で生じた問題を，同僚や地域の人々と話し合って解決したり，児童会活動や学校行事で育てた見方・考え方が，地域や社会の活動に参画したり，地域行事等に進んで参加したりする見方・考え方につながっていくということです。

② 特別活動における資質・能力の三つの柱

特別活動で育てる「知識及び技能」

特別活動の目標では，「多様な他者と協働する様々な集団活動の意義や活動を行う上で必要となることについて理解し，行動の仕方を身に付けるようにする」と示されています。このことを特別活動で核となる話合い活動で考えた場合，
- 話合いの進め方
- よりよい合意形成や意思決定の方法
- 協働して実践するための役割分担の方法
- 学級活動(2)(3)に係る必要な知識や技能
- 学校行事の意義

などが考えられます。

特別活動で育てる「思考力，判断力，表現力等」

特別活動における「思考力，判断力，表現力等」について，目標の「集団や自己の生活，人間関係の課題を見いだし，解決するために話し合い，合意形成を図ったり，意思決定したりすることができるようにする。」との関わりで考えた場合，
- 解決すべき問題を発見する力
- よりよい合意形成や意思決定する力
- 人間関係をよりよくするための力
- 様々な場面で多様な他者と協働しようとする力
- 今の自分や，将来なりたい自分を追求しようとする力

などが考えられます。

特別活動で育てる「学びに向かう力，人間性等」

特別活動の目標では「自主的，実践的な集団活動を通して身に付けたことを生かして，集団や社会における生活及び人間関係をよりよく形成するとともに，自己の生き方についての考えを深め，自己実現を図ろうとする態度を養う」と示されています。このことを「学びに向かう力，人間性等」との関わりで考えた場合，
- 多様な他者と関わる集団の中で，人間関係を自主的かつ実践的によりよいものにしていこうとする態度
- 集団や社会の形成者として，よりよい学級・学校生活づくりを目指して集団や社会に参画して主体的に問題を解決しようとする態度
- 多様な他者との違いや多様性を認め，生かし合いながら協働して活動に取り組もうとする態度
- 現在及び将来の自己の課題を発見し改善して，よりよい生き方を追求していこうとする態度

などが考えられます。

これらの「資質・能力の三つの柱」は，「人間関係形成」「社会参画」「自己実現」の三つの視点に関わる資質・能力として，特別活動を通して体得していきます。

学習指導要領改訂のポイント

特別活動で育てる資質・能力の重要な三つの視点とは?

「人間関係形成」「社会参画」「自己実現」は、相互に関わり合っていて明確に区別されるものではありませんが、特別活動で育成したい資質・能力の重要な三つの視点です。

①「人間関係形成」の視点

特別活動における「人間関係形成」とは、人間関係を自主的、実践的によりよいものへと形成することです。

例えば、様々な集団の中における「個と個」の関わりの中で互いの違いを認め合って、協議したり協働したりする中で、よりよい人間関係の築き方を体得していきます。また、様々な集団の一員としてちがいを超えようとしたり、多様性を理解しようとしたりする過程で「築きたい人間関係」を形成していくようになります。

> 「人間関係形成」は、集団の中で、人間関係を自主的、実践的によりよいものへと形成するという視点である。人間関係形成に必要な資質・能力は、集団の中において、課題の発見、実践、振り返りなどの特別活動の学習過程全体を通して、個人と個人あるいは個人と集団という関係性の中で育まれると考えられる。
> (『小学校学習指導要領解説　特別活動編』第2章第1節の1の(1)の①)

②「社会参画」の視点

特別活動における「社会参画」とは、学校生活の中で自分が所属している様々な集団の活動に関わることを通して、将来所属する様々な集団や社会に対して主体的、積極的に関わり、様々な問題を解決しながらよりよいものにしていこうとする資質・能力を育てることです。

児童は「個の成長」の広がりとともに、未来に向けて自らが参画するコミュニティも広がっていきます。また、コミュニティが広がることで、前述した「人間関係形成」の場面も一層広がります。

こうして児童は、所属する集団をよりよくしようと参画し貢献していく活動を積み重ねながら、持続可能な社会の担い手としての意識を醸成し、「つくりたい社会」の実現へとつなげていきます。

> 「社会参画」は、よりよい学級・学校生活づくりなど、集団や社会に参画し様々な問題を主体的に解決しようとするという視点である。社会参画に必要な資質・能力は、集団の中において、自発的、自治的な活動を通して、個人が集団へ関与する中で育まれると考えられる。
> (『小学校学習指導要領解説　特別活動編』第2章第1節の1の(1)の②)

③「自己実現」の視点

特別活動における「自己実現」とは、将来なりたい自分に近づくため、今の自分にできることを考え実践しながら、よりよい自分づくりを目指すことができるようにすることです。

そのためには、他者との関わりの中で自己理解を深めていくこと、自らの生き方を考え、自己のよさや可能性を生かしながら「個の成長」を重ねることなどが必要だと考えられます。

> 「自己実現」は、一般的には様々な意味で用いられるが、特別活動においては、集団の中で、現在及び将来の自己の生活の課題を発見し、よりよく改善しようとする視点である。自己実現に必要な資質・能力は、自己理解を深め、自己のよさや可能性を生かす力、自己の在り方や生き方を考え設計する力など、集団の中において、個々人が共通して当面する現在及び将来に関わる課題を考察する中で育まれると考えられる。
> (『小学校学習指導要領解説　特別活動編』第2章第1節の1の(1)の③)

④ 密接な関係にある三つの視点

児童は、学校生活を通してその時々の、「なりたい自分」に近づこうと努力します(自己実現)。同時に、多様な他者とよりよく関わろうとします(人間関係形成)。さらには、所属する集団の一員としての役割を果たそうとします(社会参画)。

このように「人間関係形成」「社会参画」「自己実現」の三つの視点は密接に関連しており、明確に区別されるものではないことにも留意する必要があります。

また、特別活動の方法原理が「なすことによって学ぶ」であることから、「人間関係形成」「社会参画」「自己実現」の三つの視点は、学習過程のそれぞれの場面で適切に発揮できるようにすることが大切です。

学習指導要領改訂のポイント

特別活動における「主体的・対話的で深い学び」の実現とは？

特別活動における主体的・対話的で深い学びの実現とは，各活動・学校行事の学習過程において，授業や指導の工夫改善を行うことで，一連の活動過程の中での質の高い学びを追求することです。

特別活動における「主体的・対話的で深い学び」とは

このことについては，次のように示されています。

> 特別活動の各活動及び学校行事を見通して，その中で育む資質・能力の育成に向けて，児童の主体的・対話的で深い学びの実現を図るようにすること。その際，よりよい人間関係の形成，よりよい集団生活の構築や社会への参画及び自己実現に資するよう，児童が集団や社会の形成者としての見方・考え方を働かせ，様々な集団活動に自主的，実践的に取り組む中で，互いのよさや個性，多様な考えを認め合い，等しく合意形成に関わり役割を担うようにすることを重視すること。
> （『小学校学習指導要領』第6章第3の1の(1)）

① 特別活動における「主体的な学び」の実現とは

> 学級や学校における集団活動を通して，生活上の諸課題を自分たちで見いだしたり，解決できるようにしたりすること。

⇩

具体例
- 学級・学校生活をよりよくしていくために，何に取り組んだらよいか，自分たちで探っていく活動
- 話合いで決まったことを，友達と協力してよりよく実践する活動
- 話合いを通して見つけた課題解決の方法から自分ががんばることを決め，自主的に実践する活動　など

こうした活動が，自分たちが所属する学級や学校という集団の生活をよりよくしようとする次の活動への動機付けとなり，一層確かな「主体的な学び」へと発展していきます。

② 特別活動における「対話的な学び」の実現とは

> 特別活動が全ての内容で重視している「話合い活動」を通して，自己の考え方を協働的に広げ深めていくこと。また，体験活動などを通して自然と向き合い，学校生活では得られない体験から新たな気付きを得ること。

具体例
- 学級活動等において，集団活動を進める上での合意形成を図ったり，話合い活動を通して他者の考えに触れ，自分の考えを広げたり，多面的・多角的に考えたりして，個人目標の意思決定を行ったりする活動
- 異年齢や多様な他者との対話，地域の人との交流を通して，自分の考えを広げたり，自己理解を深めたりする活動

このような「対話的な学び」から，児童は様々な関わりを経験して感性を豊かにし，よりよい合意形成や意思決定ができるようになります。

③ 特別活動における「深い学び」の実現とは

> 特別活動が重視している「実践」を単に行動の場面と狭く捉えるのではなく，課題の設定から振り返りまでの一連の活動とし，そのプロセスで教科等の学習で身に付けた知識や技能を働かせ，「人間関係形成」「社会参画」「自己実現」に関わる議題や題材に取り組むよう意図的・計画的に指導していくようにする。

また，「深い学び」を実現するには，振り返りの活動も重要な学びの機会となります。特別活動における振り返りでは，話合いや様々な実践をよりよくしていくという視点だけではなく，そこで得た「気付き」を日常生活に生かしていく「学び」に変えていくことが大切です。

そこで教師は，話合いや活動中に起きたことや具体的な行動（タスク的な要素），及び考えたこと・思っていたこと（プロセス的な要素）のそれぞれに留意し，児童に具体的な「気付き」が生じるよう，振り返りの指導や支援の方法を工夫する必要があります。そのように振り返りの充実によって，「人間関係形成」「社会参画」「自己実現」を育てる特別活動は効果を一層発揮します。

具体的には，実践について話合い等を通して振り返り，よい点や改善点を見いだし，新たな課題の発見や目標の設定を行ったり，自分のよさやがんばりに気付き，自己肯定感を高めたりする活動が，特別活動における「主体的・対話的で深い学び」の一つと言えます。

学習指導要領改訂のポイント

自発的，自治的な活動で高める「自治的能力」とは？

児童の「自発的，自治的な活動」は特別活動固有の活動です。自分たちでよりよい生活をつくっていく「自治的能力」は，特別活動において高めることができる力の一つに挙げられます。

① 特別活動における「自治的な活動」とは

このことについては次のように示されています。

> 特別活動のいずれの活動も，児童が自主的，実践的に取り組むことを特質としているが，学級活動(1)，児童会活動，クラブ活動については，さらに「自発的，自治的な活動」であることを特質としている。「自発的，自治的な活動」は，「自主的，実践的」であることに加えて，目的をもって編制された集団において，児童が自ら課題等を見いだし，その解決方法・取扱い方法などについての合意形成を図り，協力して目標を達成していくものである。
> （『小学校学習指導要領解説　特別活動編』第2章第1節の1の(3)の②）

② 話合いと実践を通して育てる「自治的能力」

自治的能力や主権者として積極的に社会参画する力を育てていくためには，学級活動における一連の学習過程を通して，課題発見や合意形成の方法を身に付けていくことが重要です。

学級活動(1)では，学級や学校生活をよりよくするための課題を自分たちで発見し，その解決に向けて話し合い，決まったことを実践したり，主体的に組織を作って役割分担し協力し合ったりし，その活動過程を振り返ることを通して次に向けた課題や目標を見いだしていきます。

> 学級活動，児童会活動及びクラブ活動の指導については，指導内容の特質に応じて，教師の適切な指導の下に，児童の自発的，自治的な活動が効果的に展開されるようにすること。その際，よりよい生活を築くために自分たちできまりをつくって守る活動などを充実するよう工夫すること。
> （『小学校学習指導要領』第6章第3の2の(1)）
> 特別活動全体を通して，自治的能力や主権者として積極的に社会参画する力を育てることを重視し，学級や学校の課題を見いだし，よりよく解決するため話し合って合意形成すること，主体的に組織をつくり役割分担して協力し合うこと。
> （『小学校学習指導要領解説　特別活動編』第1章総節2の(2)の③）

学級での自治的な活動を充実させることにより，その学級風土が学校生活を楽しく豊かにする学級活動(1)に生かされます。そして，そこで培った力が児童会活動やクラブ活動の充実にもつながります。

> 自発的，自治的な活動においては，学級や学校における集団の生活上の課題を見いだし，解決するために合意形成を図ったり，協働的に実践したりすることが大切です。
> またその中で，話合いを通して他者の様々な意見に触れ，自分の考えを広げたり，課題について多面的・多角的に考えたりすることが重要になります。

③「自治的な活動」に必要な「自立」と「自律」

一般的に自治とは，「自分や自分たちに関することを自らの責任において処理すること」とされ，その際には自分の意見や行為を律することができること（自律）や，自立した「個」が必要とされます。

特別活動においては，学校である以上ある程度の制限があり，自治に「的」を加えて「自治的」と表現されます。そのため，児童に任せることができないものもあります。具体的には次のような内容が挙げられます。

> **児童の自治的な活動の範囲外の例**
> - 個人情報やプライバシーの問題
> - 相手を傷付けるような結果が予想される問題
> - 教育課程の変更に関わる問題
> - 施設・設備の利用の変更などに関わる問題
> - 金銭の徴収や物品の購入に関わる問題，健康・安全に関わる問題

学級活動(1)，児童会活動，クラブ活動は，「自発的，自治的な活動」であることを特質としています。しかし，学級活動(2)，学級活動(3)や学校行事もまた，個の自立や自律を育むという点では大切な活動です。

このように，特別活動の全ての活動が「自治的な集団」を育成していく上で，欠かすことのできない活動なのです。

学習指導要領改訂のポイント
自己指導能力や自己有用感の育成と生徒指導の充実とは？

自己指導能力や自己有用感を育み，児童が互いのよさや可能性を発揮し，よりよく成長し合えるような集団活動を特質とする特別活動は，生徒指導の充実と深く関わります。

① いじめの未然防止等と特別活動

> 学級活動における児童の自発的，自治的な活動を中心として，各活動と学校行事を相互に関連付けながら，個々の児童についての理解を深め，教師と児童，児童相互の信頼関係を育み，学級経営の充実を図ること。その際，特に，いじめの未然防止等を含めた生徒指導との関連を図るようにすること。
>
> （『小学校学習指導要領』第6章第3の1の(3)）

生徒指導の機能
児童が自らを生かし自己実現できるよう援助する教育機能であり，学校の教育活動全体を通して推進することを基本とする

特別活動
様々な集団での活動を基本としつつ，特別活動の目標に挙げられている「互いのよさや可能性を発揮しながら」活動することを大切にする

児童一人一人のよさが十分発揮できるようにし，生徒指導との効果的な関連を図るようにする

集団生活の中で互いの人格を尊重し合って生きることの大切さを学ぶことによって，所属感や連帯感，互いの心理的な結び付きなどが培われ，いじめの早期発見や未然防止等において重要な役割を果たします。

とりわけ学級活動は，児童が日常生活を営む上で必要な様々な行動の仕方を計画的，発展的に指導する教育活動です。また，互いの人間的な触れ合いを深め，児童一人一人に存在感や自己実現の喜びを味わう場と機会を与える活動は，生徒指導の役割も働いていると考えられます。

教師は児童の思いや願いを理解し，一人一人が学級集団の一員として認められている満足感や充実感，連帯感などをもち，互いに協力しながら自己有用感を高め合うことができるよう配慮していきます。

② 自己指導能力を育む特別活動

学級活動「(2)日常の生活や学習への適応と自己の成長及び健康安全」の授業は，生徒指導の機能を生かして「自己指導能力」を育成するプロセスを大切にした授業だと言えます。したがって，授業の終末で個人として努力することを決める「自己決定の場を与える」という生徒指導の機能を大事にしているのです。

意思決定を学習過程の中心に据えている学級活動(3)においても，同様の成果が期待されます。学級活動(2)や(3)の授業において，「教師から提示された課題を自分の課題として受け止める」「原因を追求し，解決への意識を高める」「解決方法を話合いを通して考える」「自己の努力目標を決める（意思決定）」という一連の指導過程を重視することにより，児童に自己実現の喜びを味わわせることができるのです。

③ 自己有用感を育む特別活動

特別活動では，特に学級活動(1)を中心とした自発的，自治的な活動を通して，児童が互いに協力し合い認め合う中で，自分が他者の役に立つ存在であることを実感し，自分のよさや可能性を発揮して自信をもつようになります。また，振り返りにおいても，自分や友達のがんばったことなどを認め合ったり教師からその成長を称賛されたりします。

こうして児童は，他者との関わりや他者からの評価によって自分が仲間から必要とされていることや役に立っていることを実感し，自己有用感が高まっていきます。そこで，教師は，そうした成功体験を感じることができる一連の取組を，発達の段階に応じて継続的に行うことが大切です。

なお，自己有用感を高める効果的な指導においては，次のようなことが大切です。

- 係活動や委員会活動，各種の当番活動等においては，全ての児童が役割を果たす経験ができるよう，活動の内容や方法を工夫する。
- 異年齢の交流活動を効果的に進めるためには，異年齢でなければできない活動を設定し，児童にどのような場を与え，どのように働きかけるかを工夫して指導する。

学習指導要領改訂のポイント
学級経営の充実と学力向上の関係は？

学習や生活の基盤として，教師と児童との信頼関係及び児童相互のよりよい人間関係を育てることが必要です。そうした，日頃からの学級経営の充実を図るためにも，特別活動は重要な役割を果たします。

① 学級経営における特別活動の果たす役割

> 学習や生活の基盤として，教師と児童との信頼関係及び児童相互のよりよい人間関係を育てるため，日頃から学級経営の充実を図ること。
> （『小学校学習指導要領』第1章第4の1の(1)）

ここでいう学級経営とは，一般的に次のように整理されています。

学級経営とは学級を管理するということではなく，年間を通じて教育的知見に伴った諸条件を整備していく創造的な経営活動です。「条件整備論」とも呼ばれることがあり，

- 事務的な業務を含む基盤経営
- 教育課程全般における授業経営
- 学級や学校における環境全般を整えていく環境経営
- 特別活動に最も関与の深い集団経営

といった諸々の「経営」が含まれています。

一方で，学級経営の中心的内容として，集団経営という側面から狭義に捉えられる場合も少なくありません。その経営が児童の成長を大きく左右してしまうことが多いからです。

その一つの指導内容として，教師は年間を通して，「ただの集まり」である学級から「自治的な集団」へと成長させていくことが重要だとの指摘もあります。しかし，自分たちで考え，話し合い，実践していくことを通して，「よりよい学級・学校生活を自分たちでつくっていく」自治的な活動は，自然発生的にできるようになるものではありません。だからこそ，理想とする学級や学校生活について，なすべきことを話し合い，協働して実践し，解決していこうとする特別活動を生かすことが必要なのです。つまり，学級活動など児童による理想の学級（児童が目指す学級像）や生活づくりは，教師の行う集団経営においても中心的な役割を果たすのです。その際，教師には，次に示す集団活動の条件を，年間を通じて整えていくことが求められます。

【望ましい集団活動の条件】
- ○活動の目標を全員でつくり，その目標について全員が共通の理解をもっていること。
- ○活動の目標を達成するための方法や手段などを全員で考え，話し合い，それを協力して実践できること。
- ○一人一人が役割を分担し，その役割を全員が共通に理解し，自分の役割や責任を果たすとともに，活動の目標について振り返り，生かすことができること。
- ○一人一人の自発的な思いや願いが尊重され，互いの心理的な結び付きが強いこと。
- ○成員相互の間に所属感や所属意識，連帯感や連帯意識があること。
- ○集団の中で，互いのよさを認め合うことができ，自由な意見交換や相互の関係が助長されるようになっていること。

（(2008年)『小学校学習指導要領解説　特別活動編』P9抜粋）

② 学級経営におけるガイダンスと，カウンセリングの充実

特別活動を通して，学級経営や生徒指導を効果的に進めていくためには，ガイダンスとカウンセリングの充実が求められます。

> 学校生活への適応や人間関係の形成などについては，主に集団の場面で必要な指導や援助を行うガイダンスと，個々の児童の多様な実態を踏まえ，一人一人が抱える課題に個別に対応した指導を行うカウンセリング（教育相談を含む。）の双方の趣旨を踏まえて指導を行うこと。
> （『小学校学習指導要領』第6章第3の2の(3)）

ガイダンスとカウンセリングは，児童一人一人の学校生活への適応や人間関係の形成，進路の選択などを実現するために行われる教育活動です。単にガイダンスやカウンセリングに多くの時間を費やせばよいというものではなく，児童の行動や意識の変容を促し，一人一人の発達を促す働きかけとしての両輪として捉えることが大切です。

学級の一員として自己の役割を果たすことや，個や集団の目標を設定して，実践を通してその達成を追求すること，互いのよさを認め合うことなど，自治的な活動に必要な力は，教師の適切な指導のもと，計画的に身に付ける必要があります。そのため，教師と児童の関係の中で，個の喜びや悩み，目標等を理解・共有

し，支援していくカウンセリングの役割は必要不可欠です。

また，集団を計画的に成長させていくには段階に応じた集団への指導が必要です。「ただの集まり」を「集団」として形成し，学級内に対立が生じたときは規範の形成を促し，その学級がもつ力や可能性を存分に発揮できるような指導・支援やファシリテーション※といったガイダンスの役割が必要です。

このように学級経営においても特別活動においてもガイダンスとカウンセリングは指導の両輪であり，双方の趣旨を踏まえて学級を経営していくことが大切です。

③ 学級経営と学級活動における一連の学習過程

「ただの集まり」である学級が，自治的な活動を可能とする「集団」へと成長していくためには，学級活動の一連の学習過程を，年間を通じてスパイラルアップしていく必要性があります。そして，そのために重要になるのが「振り返り」の活動です。その際，自分や他者のよかったことや課題を述べ合うだけでなく，以下のようなことに留意します。

> a. 活動中に起こっていたこと（行動・態度・発言）や，自身や仲間の感情の確認
> ※仲間へのフィードバックも含む
> b. 自分や学級の目標を達成できたかどうかの確認
> c. 学級や自身の成長に向けて「何を学んだのか」の確認
> ※活動や実践によって自分たちは何が変わった（成長した）のか
> d. 自身や学級の次の目標の確認

d.で設定した目標を１つずつクリアしていく過程で，教師は前掲の「望ましい集団活動の条件」の進捗状況を確認し，必要に応じて児童の気付きや学びを促進するための，ファシリテーションを行います。こうした振り返りの充実によって，学級における児童の活動や集団の質が高まっていくとともに，自治的な活動を可能とする力が身に付いていきます。

※ ファシリテーション＝（気付き・学びを）促進すること
活動や実践のプロセスでの「気付き」を促進し，その気付きを生活に生かすことができる「学び」へと変える手助けをします。

④ 学級経営と学力向上

学級のよりよい生活や人間関係づくりで大切なのは児童一人一人のよさや可能性を生かすとともに，他者の失敗や短所に寛容で共感的な学級の雰囲気を醸成することです。学級の雰囲気は，協力して活動に取り組んだり，話合いで自分の意見を発言し合ったり，安心して学習に取り組んだりするための生活集団や学習集団の基盤となるものです。

特別活動は，学級活動を通して学級経営の充実を図り，学びに向かう集団の基盤を形成します。また，児童会活動，クラブ活動，学校行事における多様な集団活動を通してよりよい人間関係を築くことも，児童が安心して学習することにつながります。

このようなことは，国立教育政策研究所が公表している次の調査結果からも明らかです。

> 児童質問紙調査の特別活動に関する項目で，肯定的な回答をしている児童が多い学級ほど，ペーパーテスト調査において平均正答率が高い傾向が見られる。また，教師質問紙調査に肯定的な回答をしている教師の指導を受けている学級ほど，ペーパーテスト調査においても同様の傾向が見られる。このことから，特別活動を通したよりよい生活や人間関係づくりは，受容的な雰囲気や学校生活への目標を達成しようとする意欲や態度を醸成し，学力と相互に関係していると考えられる。
> （国立教育政策研究所『平成24年度 小学校学習指導要領実施状況調査（特別活動）』分析結果より）

⑤ 学習態度の形成に関する学習

学級活動(3)の「ウ 主体的な学習態度の形成と学校図書館等の活用」の指導は，学ぶことに興味や関心をもち，自ら進んで学習に取り組むこと，自己のキャリア形成と関連付けながら見通しもって粘り強く取り組むこと，学習活動を振り返って次に生かす主体的な学びにすることなど，児童のよりよい態度の育成に直接関わります。

その際重視したいのは，学習の楽しさやその価値に気付いたり，学習の見通しや振り返りの大切さを理解したりしながら，学校図書館等を効果的に活用できるようにすることです。また，自分に合った効果的な学習方法や，学ぶことと将来の自己実現との結び付きについて考え，主体的な学習ができるよう支援することです。そして，生涯にわたって主体的に学び続けようとする態度を養うことも大切なことです。

学習指導要領改訂のポイント

キャリア教育の要としての期待とは？

小学校におけるキャリア教育は学校教育全体で行うことという前提の下，これからの学びや自己の生き方を見通し，これまでの活動を振り返るなど，教育活動全体の取組を自己の将来や社会につなげていくための要として「特別活動」を位置付けています。

① キャリア教育の要としての役割

> 児童が，学ぶことと自己の将来とのつながりを見通しながら，社会的・職業的自立に向けて必要な基盤となる資質・能力を身に付けていくことができるよう，特別活動を要としつつ各教科等の特質に応じて，キャリア教育の充実を図ること。
> （『小学校学習指導要領』第1章第4の1の(3)）

今回の改訂では，特別活動を要として学校の教育活動全体を通してキャリア教育を適切に行うことが示されました。もっともそれは，キャリア教育を特別活動のみで行うという意味ではありません。特別活動の特質を踏まえ，どのようにキャリア教育を行うのか創意工夫し，各教科や道徳科，総合的な学習の時間などにおける学習等との関連を図って指導することが大切です。そして，各教科等で育てた資質や能力を汎用的な能力に高める特別活動を通して，学校で学ぶことと社会との接続を意識しながら，キャリア発達を促すキャリア教育の充実を図るようにします。

② キャリア教育と学級活動

今回の改訂では，学級活動に「(3)一人一人のキャリア形成と自己実現」が新たな内容として設定されました。

> **キャリア形成とは？**
> 社会の中で自分の役割を果たしながら，自分らしい生き方を実現していくための働きかけ，その連なりや積み重ねを意味します。
> これからの学びや生き方を見通し，これまでの活動を振り返るなどして自らのキャリア形成を図ることは，これからの社会を生き抜いていく上で重要な課題です。

言い換えれば，児童一人一人が将来に向けて希望や目標をもち，その実現のために自らのよさや可能性を生かしながら様々な役割を果たすことを繰り返し，自身の成長を生み出して自分らしい生き方を実現していくこととも言えます。

「キャリア形成」は，特別活動の指導によって育成される集団の質とも関連があります。例えば，一人一人が役割を分担し，その役割を果たせるようにすることが大切です。また，全員が共通理解し，自分の役割や責任を果たすことが大切です。この「役割の分担」と「全員が共通理解」は，キャリア形成において特に重要な要素です。

また，学校行事やクラブ活動などにおける活動もキャリア教育に資する重要な活動です。このように，「キャリア形成」は決して学級活動(3)単独で捉えられるものではなく，特別活動における多様な集団活動と関連しています。

③ 学級活動における授業改善とキャリア教育

> 総則において，特別活動が学校教育全体を通して行うキャリア教育の要となることが示されたことを踏まえ，キャリア教育に関わる様々な活動に関して，学校，家庭及び地域における学習や生活の見通しを立て，学んだことを振り返りながら，新たな学習や生活への意欲につなげたり，将来の生き方を考えたりする活動を行うこととした。
> （『小学校学習指導要領解説　特別活動編』第1章総節2の(2)の③）

キャリア教育を効果的に展開していくには，特別活動を要としながら将来の生活や社会と関連付け，見通しをもったり振り返ったりする機会を設けるなど，主体的・対話的で深い学びの実現に向けた授業改善を進めることが大切です。

④ 学級活動(2)と(3)の違い

学級活動(3)の内容は，キャリア教育の視点からの小・中・高等学校のつながりが明確になるよう整理することによって設けられたものです。

> ここで扱う内容については，将来に向けた自己実現に関わるものであり，一人一人の主体的な意思決定を大切にする活動である。中学校，高等学校へのつながりを考慮しながらも，小学校段階として適切なものを内容として設定している。キャリア教育は，教育活動全体の中で基礎的・汎用的能力を育むものであることから，夢をもつことや職業調べなどの固定的な活動だけに終わらないようにすることが大切である。
> （『小学校学習指導要領解説　特別活動編』第3章第1節の2の(3)）

今回の改訂では新たに学級活動(3)を設け，平成20年改訂で「(2)日常の生活や学習への適応及び健康安

全」において取り組んでいた内容の一部を，キャリア教育の視点から「(3)一人一人のキャリア形成と自己実現」へ移して整理されました。

『小学校学習指導要領解説　特別活動編』には，学級活動(2)と(3)の学習過程が共通に示されています。しかし，(3)では適応指導のように自己の問題を振り返り，解決するのではなく，自己のよさやがんばりに気付き，なりたい自分や自分らしく生きることの実現に向けて意思決定できるようにする指導が大事になります。

児童が「なりたい自分」や「自分らしさ」を認識できるようにするためには，日常の認め合いの場や特別活動の諸活動が大事な役割を果たします。例えば，特別活動の各活動は，児童の多様なよさや可能性を発揮し合ったり，認め合ったりしやすい場です。だからこそ，振り返りを通じて，自己のがんばりや成長を他者から認められる場を効果的に設定するのです。児童は，そのような活動を繰り返す中で，将来の目指す自分の姿などを明確にしつつ，その実現に向けて自分のよさや可能性を生かしながらどう実践していけばよいかを学級での話合いを通して明らかにし，自己の目標を意思決定できるようにしていきます。

その他，これまで，学ぶことや働くことについて，学級活動(2)では，何をどのように改善すべきかなど内容や方法の指導を中心に行ってきました。今後は，学級活動(3)として，将来の生き方とも関連付けながら，学ぶことや働くことの意義についても考え，理解できるようにすることが大切になります。

⑤ キャリア教育と小・中・高等学校のつながり

学級活動(3)の新設により，小・中・高等学校のつながりが，今まで以上に分かりやすくなりました。そこで，その系統を踏まえて年間指導計画を立てるようにします。さらには，小学校の発達の段階に応じた指導を行うことも重要です。例えば次のようなことが考えられます。

> 〈低学年の指導〉
> 身近な将来に目を向け，「なりたい自分」について話し合うようにします。例えば，この一年でどのような姿を目指すのか考え，達成可能な具体的な目標を立て，がんばって取り組んでいくようにします。

> 〈中学年の指導〉
> 今までの自分を振り返り，よりよい自分になるためにはどうすればよいかを考えます。「なりたい自分」に向かって具体的な目標や課題の解決方法を決め，継続した実践に取り組んで，自らの成長を実感できるようにします。

> 〈高学年の指導〉
> 将来の自分を思い描き，「なりたい自分」の実現に向けて「今できること」に一生懸命に取り組むようにします。また，学級での話合いを生かして考え，意思決定したことを友達と認め合い高め合いながら粘り強く取り組むことができるよう配慮します。

⑥ 活動を記録し，蓄積する教材等の活用

> 2の(3)の指導に当たっては，学校，家庭及び地域における学習や生活の見通しを立て，学んだことを振り返りながら，新たな学習や生活への意欲につなげたり，将来の生き方を考えたりする活動を行うこと。その際，児童が活動を記録し蓄積する教材等を活用すること。
> （『小学校学習指導要領』第6章第2［学級活動］の3の(2)）

学級活動(3)における，小・中・高等学校へと継続的に活用を目指すことを想定している「ポートフォリオ的な教材」については，今後，国として情報提供が行われます。

指導に当たっては，キャリア教育の趣旨や学級活動全体の目標に照らし，書いたり蓄積したりする活動に偏重した内容の取扱いにならないように配慮が求められます。なお，プライバシーや個人情報保護に関しても適切な配慮を行う必要があります。

学習指導要領改訂のポイント
道徳的な実践の重要な機会と場にするためには？

特別活動における学級や学校生活における集団活動や体験的な活動は，日常生活における道徳的な実践の指導を行う重要な機会と場であり，道徳教育において大きな役割を果たします。

① 特別活動の特質と道徳教育

> 第1章総則の第1の2の(2)に示す道徳教育の目標に基づき，道徳科などとの関連を考慮しながら，第3章特別の教科道徳の第2に示す内容について，特別活動の特質に応じて適切な指導をすること。
> （『小学校学習指導要領』第6章第3の1の(6)）

特別活動の指導においては，その特質に応じて，道徳教育について適切に指導する必要があります。

特別活動の目標	目指す資質・能力
「集団活動に自主的，実践的に取り組み」「互いのよさや可能性を発揮」「集団や自己の生活上の課題を解決」など	「多様な他者との協働」「人間関係」「自己の生き方」「自己実現」など

↑
道徳教育がねらいとする内容と共通している面を多く含む

道徳教育と共通する特質をもつ特別活動が，児童の道徳性を養う上で果たすべき役割は極めて大きいと言えます。

また，特別活動における学級や学校生活での様々な集団活動や体験的な活動は，日常生活における道徳的な実践の指導を行う重要な機会と場であり，児童の豊かな道徳性を育んでいます。

- 多様な他者の意見を尊重しようとする態度
- 自己の役割や責任を果たして生活しようとする態度
- よりよい人間関係を形成しようとする態度
- みんなのために進んで働こうとする態度
- 自分たちできまりや約束をつくって守ろうとする態度
- 目標をもって諸問題を解決しようとする態度
- 自己のよさや可能性を大切にして集団活動を行おうとする態度　など

学級活動では，道徳教育の各学年段階における配慮事項を踏まえ，学級活動における各学年段階の指導における配慮事項を示しています。また，学級活動において自らの生活を振り返り，自己の目標を定め，粘り強く取り組み，よりよい生活態度を身に付けようとすることは，道徳性を養うことと密接に関わるものとなります。

道徳性が養われる学級活動の具体例

学級活動(1)
「○年○組なかよし集会をしよう」

友達と互いに理解し助け合い，楽しもうとする意識をもって話合いができるよう提案理由を設定する。

「みんなの得意なことや苦手なことを考えて，みんなで楽しめる遊びを決めて仲良く遊ぶことで○年○組の楽しい思い出をつくりたい」

「自分がしたい遊びでなく，みんなで楽しむには…」

「みんなで楽しめる集会にするために，がんばったことや気を付けたらよりよくなることを振り返ろう」

学級活動(2)
「男女仲よく」イ　よりよい人間関係の形成

発達の段階に即して，男女などで互いのよさを認め合ったり生かし合ったりして支え合うことができるように，望ましい人間関係の在り方を指導する。

- 男女のトラブルに関するアンケートを見て，感想を発表し合う。
- どうしてトラブルが起こるのか，原因について考え，改善の必要性に気付く。
- みんなで話し合い，男女が協力して楽しい学級生活にするための方法を考える。
- 話し合いを生かして，自分のめあてを決める。

学級活動(3)
「学校図書館等の活用」

図書館の使い方等で「約束やきまりを守ろうとする公徳心」を育てたり，「自ら学ぼうとする自立心や，学び方を工夫しようとする創意工夫する力」を高めたりする。

また，活動を通して，学校図書館を活用しようとする態度の育成や日常の読書活動の活性化にも効果的に働き，児童の豊かな心を育てることにつながる。

児童会活動やクラブ活動では，異年齢によるよりよい人間関係の形成や個性の伸長，よりよい学校生活づくりに参画する態度などに関わる道徳性を養うことができます。

> **伝統文化に触れるクラブ活動で育つ道徳性**
>
> 　伝統文化に触れるクラブ活動での学びは，自国の伝統文化を知り，理解することから始まります。そして，それらに触れたり親しんだりする活動を通して，地域の伝統や文化に誇りをもち，日本の国を愛することにつながるのです。（国や郷土を愛する態度）
>
> 　また，自国の伝統や文化を大切にする心が基盤となって，日本以外の国の人々や風土を理解し，関心や興味をもつようになります。さらに，他国の伝統文化を認め，尊重していこうとする態度の育成にもつながっていきます。（国際理解・親善）

学校行事では，よりよい人間関係の形成，自律的態度，心身の健康，協力，責任，公徳心，勤労，社会奉仕などに関わる道徳性を養うことができます。仲間との協働体験や感動体験は，人間関係形成や自己の生き方と向き合わせるよい機会です。特に，自然体験や社会体験，学校や地域の実態を生かした特色ある取組を充実させることにより，自己の生き方についての考えが一層深まります。

② 特別活動と「特別の教科 道徳」との関連

道徳科で育んだ心が，特別活動における具体的な活動場面の中に生かされ，児童は様々な道徳的な実践を重ねます。そして，特別活動における多様な実践や体験活動を道徳科の授業で「補い，深め，まとめる」ことで，児童の道徳的価値への自覚がさらに深まります。

そこで，重要なのが特別活動と道徳科の効果的な往還です。

〈道徳的価値を明確に意識し，関連を図る指導〉

③ 豊かな道徳性を育てる振り返りの活動

学級や学校生活において，道徳的行為を主体的に実践する重要な機会や場となる集団活動や体験的な活動は，ともすると一過性の活動で流されてしまい残らない場合が少なくありません。そこで，それらを見える形で残したり共有化したりすることが大切です。活動を通して感じたことや気付いたことを，自分の言葉で表現し合うことにより，さらに豊かな活動にすることができると考えられます。そのために，実践活動や体験活動を通して感じたり気付いたりしたことを，自分の言葉でまとめたり表現したりできるようにします。そうすることで道徳的価値について深く考え，より豊かに自己の生き方に生かすことができるようにします。

具体的には，児童が異年齢交流活動で「思いやり・親切」について考えたことや行動したことを，自らの言葉で振り返ったものをファイル等で残しておき，道徳科の授業の導入で活用したり価値について改めて深めたりします。

④ 教室掲示と道徳的な実践の適切な指導

自らの道徳的な実践につながる行動の仕方や心のもち方を考えたり，自主的に自分の生活改善を意識できたりするよう掲示物を工夫し，教室の壁面を有効活用した教室経営を進めることも大切です。その際は掲示と関連させ，実践的な態度に結び付く効果的な指導をする必要があります。

具体的には，掃除や日直の当番表，生活目標，給食だより，図書室だよりなどを掲示するだけではなく，特別活動，とりわけ学級活動(2)の授業と関連させます。このような指導は，日常の学級生活を改善していこうという実践的な生活態度の形成に役立ちます。

また，帰りの会などの時間を活用して，「今日のよかったことやがんばっていた友達を発表する」などのいわゆる「よいところ見つけ」の取組を，掲示物によって視覚化するのは効果的です。互いの道徳的実践を認め合ったり，仲間と道徳的実践を共有したりすることで，道徳的価値への自覚が一層深まり，道徳的実践力の育成につながります。

〈「よいところ見つけ」の取組の視覚化〉

学習指導要領改訂のポイント
特色ある学校づくりに生かすためには？／特別活動の充実に資するための評価の工夫は？

各学校の創意工夫が特色ある学校づくりにつながります。また，一人一人のよさや可能性を多面的，継続的に見取ったり，集団の変容について客観的に把握したりして，指導に生かすことが大切です。

① 学校文化を創造する特別活動と創意工夫

特別活動は楽しく豊かな学校文化をつくる実践的な活動です。各活動及び学校行事における様々な集団活動を通して特色ある教育活動が展開され，学校文化が醸成されるようになります。学校の伝統や文化，地域の歴史や教育資源を生かしたり，学校の教育目標を意図した活動を実施したりし，創意工夫しながら特色ある学校づくりを推進していくことができます。

例えば，学級活動における自発的，自治的活動を通して，児童は学級生活に主体的に参画できるようになります。また，児童会活動やクラブ活動，学校行事における様々な集団活動を通して楽しく豊かな学校文化が醸成され，各学校の特色ある教育活動の展開が可能になります。

その際，次のようなことに留意する必要があります。

○楽しく豊かな学級や学校の生活を自発的，自治的に創造することを通して，協働的な実践的活動が充実するようにする。その際，伝統や校風は，その継承自体が目的ではなく，育てたい資質・能力を踏まえ，児童が発展的に生み出していくように留意する。

○特別活動における柔軟性を積極的に生かし，各学校で特色ある指導計画を作成するようにする。

○学校行事は各学校の創意工夫を生かしやすく，特色ある学校づくりを進める上で有効であることから，全教職員で学校の教育目標や指導の重点，地域の特色や学校の伝統などの共通理解を図り，協力して実践に結び付けるようにするとともに，学校行事の重点化を図って取り組むようにする。

学校行事には地域の方や保護者の参加を得たり，活動の様子を発信したりする機会が多くあります。そこで学校は，地域の方や保護者に生き生きと学び，大きく成長する児童の姿を披露することで，学校の教育力について地域の方や保護者からの信頼を得られるようにします。

また，地域の方や保護者との連携を意図した活動を工夫しながら関わり合いを重視する取組を行い，よりよい学校風土の醸成を通じて児童の健全な成長に結び付けることもできます。

② 児童のよさや可能性を伸ばす評価の工夫

特別活動の評価については，学習指導要領解説に次のように示されています。

> 特別活動の評価において，最も大切なことは，児童一人一人のよさや可能性を積極的に認めるようにするとともに，自ら学び自ら考える力や，自らを律しつつ他人とともに協調できる豊かな人間性や社会性など生きる力を育成するという視点から評価を進めていくということである。
> （『小学校学習指導要領解説　特別活動編』第4章第5節）

また，児童が自己の活動を振り返り，新たな目標や課題をもつことができるようにするための留意点が，次のように示されています。

○活動の結果だけでなく，活動の過程における児童の努力や意欲などを積極的に認めたり，児童のよさを多面的・総合的に評価したりするようにする。

○児童の活動意欲を喚起する評価となるよう，児童自身の自己評価や集団の成員相互による評価などの学習活動を大切にする。

○自己評価の活動としては，新たな学習や生活への意欲につなげたり，将来の生き方を考えたりする活動を行うことができるよう，児童自らが活動を記録し，蓄積することができるように工夫することも考えられる。

③ 指導計画や指導方法の改善と評価の工夫

評価については，指導の改善に生かす視点も重視します。評価を通して教師が指導の過程や方法について振り返り，より効果的な指導が行えるように工夫や改善を図っていくことが大切です。

その際，学級会における効果的な助言やよりよい活動の在り方といった指導技術的なことにとどまらず，学級経営に関わる人間関係づくり，集団づくりなど，特別活動の根幹に関わる指導に生かすようにします。

学校行事については，より具体的な評価の観点を設定します。学校運営協議会等を活用し，活動のねらいや育てたい児童像についての評価を重視し，活動の意義やねらいを周知したり，改善に生かしたりすることも考えられます。

学級活動（1）

学級や学校における生活づくりへの参画

- 学級活動(1)の内容と育成する資質・能力は？ …… 42
- 学級会オリエンテーションとは？ …… 43
- 「問題の発見」の指導とは？ …… 44
- 議題の選定と決定の指導とは？ …… 45
- 計画委員会の活動は？ …… 46
- 問題意識を高めるポイントは？ …… 48
- 提案カードや学級会ノートの活用は？ …… 49
- 学級会の基本的な流れとは？ …… 50
- 「出し合う」段階の指導のポイントは？ …… 51
- 「くらべ合う」→「まとめる（決める）」段階の指導のポイントは？ …… 52
- 板書を活用した思考の可視化・操作化・構造化とは？ …… 54
- 学級会を充実させる教師の指導助言は？ …… 56
- 話合いの振り返りの仕方は？ …… 57
- 学級会を円滑に進めるための準備は？ …… 58
- 次に生かす事後の活動の指導の工夫は？ …… 59
- 学級活動(1)の指導案の作成の仕方は？ …… 60
- 学級生活を楽しく豊かにする係活動とは？ …… 64
- 学級生活を楽しく豊かにする集会活動とは？ …… 66
- 学級活動の年間指導計画を立てるには？ …… 68
- ◆指導を振り返ってみましょう …… 70

Ⅱ

学級活動(1) 学級や学校における生活づくりへの参画

学級活動(1)の内容と育成する資質・能力は？

学級活動(1)の授業では，児童が自分たちの学級や学校の生活をよりよくするために，問題を発見し，課題を見いだし，話し合い，合意形成したことを協働して取り組むとともに，一連の活動を振り返り，次の課題解決へつなげることを通して自治的能力を育てます。

1 学級活動(1)の内容

学級活動(1)「学級や学校における生活づくりへの参画」は，主として自発的，自治的な集団活動の計画や運営に関わるものです。具体的には，次の三つの内容が学習指導要領に示されています。

■ 学級活動(1) 学級や学校における生活づくりへの参画

ア 学級や学校における生活上の諸問題の解決
　学級や学校における生活をよりよくするための課題を見いだし，解決するために話し合い，合意形成を図り，実践すること。

イ 学級内の組織づくりや役割の自覚
　学級生活の充実や向上のため，児童が主体的に組織をつくり，役割を自覚しながら仕事を分担して，協力し合い実践すること。

ウ 学校における多様な集団の生活の向上
　児童会など学級の枠を超えた多様な集団における活動や学校行事を通して学校生活の向上を図るため，学級としての提案や取組を話し合って決めること。

ここで取り上げる課題は，例えば話を静かに聞くなどの一人一人が心掛ければ解決するような課題ではありません。学級や学校生活の充実と向上を図るために，学級の児童全員が協働して取り組まなければ解決できないものが適切です。
また，児童の発達の段階に即して，自分たちで解決することができ，教育的に望ましいと認められる課題であることが大切です。

2 学級活動(1)で育成する資質・能力の例

○学級や学校の生活上の諸問題を話し合って解決することや他者と協働して取り組むことの大切さを理解し，合意形成の手順や活動の方法を身に付けるようにする。
○学級や学校の生活をよりよくするための<u>課題を見いだし</u>，解決するために話し合い，多様な意見を生かして合意形成を図り，協働して実践することができるようにする。
○生活上の諸問題の解決や，協働し実践する活動を通して身に付けたことを生かし，学級や学校における人間関係をよりよく形成し，他者と協働しながら日常生活の向上を図ろうとする態度を養う。

指導に当たっては，一人一人の児童について，集団の中での成長を見つめ，児童の実態を的確に把握して指導することが大切です。個々の児童の思いや願いを理解し，一人一人が当該学級集団に所属し，集団の一員として認められているという満足感や充実感，連帯感などをもち，互いに協力する中で自己有用感を高めることができるように配慮します。

3 発達の段階に即した指導の重点

低学年	話合いの約束に沿って友達の意見をよく聞いたり，自分の意見を言えるようにしたりして，合意形成して決めたことをみんなで実践することのよさを実感できるように指導する。話合いで決まったことをすぐに実践することで，合意形成の意義を体感することができる。例えば，1単位時間の中で，前半の時間で話し合い，後半の時間で決めたことを実践することも有効である。
中学年	学級会において提案理由を踏まえ，自分もよくみんなもよいものとなるよう合意形成を図り，決まったことをみんなで協力し実践できるように指導する。さらに，自分の考えと異なる意見に決まっても，気持ちよく協力することの大切さについて実践を通して理解できるように指導する。
高学年	出された意見を基にして，組み合わせたり，よいところを取り入れて新たな考えを生み出したりするなど，創意工夫を生かして合意形成を図ることができるように指導する。一連の活動を振り返り，次の活動に生かしていくことを意識した取組にする。

42

学級活動(1)　学級や学校における生活づくりへの参画

学級会オリエンテーションとは？

　教師が学級会の役割や話合いの方法などについて説明します。また，学級会や決まったことの実践を通して，よりよい生活や人間関係を築いていきたいという意欲を高めることもねらいとします。

❶ 学級会の意義の説明

　学級会を行う意義について，発達の段階に合わせた説明をします。学級会は，特別活動における自発的，自治的な活動の中心となる内容です。特に，折り合いを付けて集団としての意見をまとめることの大切さを理解したり，合意形成を図っていくための手順や方法を身に付けたりすることができるようにします。そのためには，安易に多数決で決定することなく，自分と異なる意見や少数の意見も尊重できるようにすることが大切です。

　また，学級会を通じて多様な他者とよりよい人間関係を形成し，協働して学級や学校の生活の向上を図ろうとする態度を養います。

〈学級会オリエンテーションについて〉
・学級会の議題を設定し，話合いを通しながら体験的に学べるようにすることも考えられます。
・年度当初の学級会として実施したり，以後の学級会の話合い活動の中で，指導したりします。
・朝の会や帰りの会などで重点をしぼって指導することも考えられます。

❷ 学級会の進め方の説明

　見通しをもって学級会を進めることができるように，事前・本時・事後の活動の仕方について説明したり，共通理解を図ったりします。

- 提案カードや議題箱の活用の仕方
- 予想される議題や選定の仕方
- 学級活動コーナーの設置と活用
- 計画委員会の指導と活動計画の作成の仕方
- 「出し合う」「くらべ合う」「まとめる（決める）」などの指導過程
- 折り合いを付けて学級として合意形成を図る方法
- 司会の進行の仕方や黒板・ノートへの記録の仕方

　オリエンテーションは，よりよい学級生活の向上の見通しをもつ場として実施することも考えられます。例えば「○年生になって」の指導の中で，みんなで取り組みたいことを話し合ったり，当該学年の生活について確認したりすることも大切です。

❸ 合意形成を図ることの意義や方法の確認

　多様な意見を認め合い，互いのよさを生かしながら考え，伝え合い，合意形成することができるようにすること，合意形成したことに基づき協働してよりよい生活を築くことができるようにするなど，学級会において大切なことを確認します。オリエンテーションでは，みんなで合意形成して決めたことに対しては，必ず協力して取り組むことを約束として確認しておきます。

トピック　学級会オリエンテーションとガイダンスの関係

　あらかじめ適切な時期・場面において，ガイダンスとカウンセリングを行います。特に入学当初には，幼児期までの学びや育ちの特性について配慮するようにします。主に集団の場面で，必要とされる同質的な指導・援助を全員に行うガイダンスは，学級会で言えばオリエンテーションにあたります。

　教師は，年度当初にはそれぞれの学年段階や児童の発達の段階に応じて学級会についてのオリエンテーションを行います。また，必要に応じて各学期の初めにも簡単なオリエンテーションを行うことも考えられます。その際，児童の実態に応じて，内容の重点化を図ることが大切です。特に，1年生の時期は，実践と結び付けながら，オリエンテーションの内容を児童が理解できるようにすることが大切です。

学級活動(1) 学級や学校における生活づくりへの参画

「問題の発見」の指導とは？

学級会では，児童にとって必要感のある議題を選定することが大切です。そのためには，日頃から，児童一人一人のよりよい生活づくりへの問題意識を喚起しておくことが大切です。

発達の段階に即して児童が問題を自ら発見することができるように指導していきます。

〈助言の工夫〉
○児童のつぶやきから議題になりそうなものを拾い，意識付けをします。
　例「そんなことがあるんだね。みんなで話し合ってみたらいいかもしれないね」
○児童が自ら気付き，議題箱（ポスト）に議題提案カードを入れるのが望ましいですが，気付かない場合には助言します。
　例「今の話題は，議題箱（ポスト）に提案してみたらどうかな」
○学級日誌や個人の日記などを読み，提案を促すことも考えられます。
　例「ここに書いたことを，議題案としてみんなに提案してみたらどうかな」
○給食の時間や休み時間，放課後などの会話や話題について，議題として提案を促すことも考えられます。
　例「今の話題は，グループだけでなく，みんなに提案してみたらどうかな」

1 諸問題に気付く力を育てる

年度当初に学級生活の諸問題を発見する力を育むためには，次のような指導の工夫が必要です。

○学級会オリエンテーションにおける指導を踏まえて，「学級会とは何のためにあるのか」「どのような時間なのか」など，教師がその意義や目的についてしっかりと繰り返し指導を行う。
○学期ごとの「学級会カレンダー」を掲示し，学級会を行う日時を前もって知らせ，意欲を高める。
○「学級のあゆみ」などを掲示し，これまでの学級生活を振り返ることで，諸問題に気付けるようにする。
○児童が問題を見付けられるようにするため，「見付け方のヒント」「望ましい議題の条件」「多様な議題例」などを伝えるようにする。

児童が自分たちの生活から問題を見付けることができるように，例えば次のような視点を示します。

- みんなでしてみたいこと
- 学級生活がもっとよくなること
- みんなで作ってみたいこと
- 以前の活動の課題になったこと
- みんなにお願いしたいことや，みんなで解決したいこと

2 議題を集める工夫

学級生活の様々な場面から議題が提案されるように環境を整えます。

1 議題箱（ポスト）の設置

○いつでも提案できるように，議題箱（ポスト）のそばに議題提案カードを用意しておく。
○視点別に色分けした議題提案カードを用意することも考えられる。
○議題箱（ポスト）の中を見えるようにしておくと，入っている議題提案カードが目で見て分かるので，児童の活動意欲につながる。

2 朝の会や帰りの会で意識化を図る工夫

○必要に応じて，朝の会や帰りの会などで全員が議題提案カードを書く時間をとることも考えられる。
○一人一人が議題を考えた後，グループ等で相談する方法も考えられる。

3 掲示物で意識化を図る工夫

○背面黒板等を利用した学級活動コーナーに，議題提案カードや短冊，付せんなどを用意し，いつでも提案できる環境を整えておく。
○休み時間の会話や給食の時間に話題になった議題案を短冊等に書き，背面黒板に貼って提案する方法も考えられる。

学級活動(1) 学級や学校における生活づくりへの参画

議題の選定と決定の指導とは?

学級生活をよりよくしようという思いから一人一人が見付けた問題は,計画委員会で学級会の議題としてふさわしいかどうかについて整理して,学級全体にはかって決定します。

① 計画委員会で選定

集まった議題案について,学級生活の充実や向上のために,「全員で話し合うべき議題かどうか」「自分たちで解決できる問題かどうか」などの視点で整理します。その上で,提案者の思いや願いをしっかりと踏まえ,議題を選定します。「望ましい議題」の条件としては,次のようなことが考えられます。

> ○**多くの児童が早急な解決を望んでいる議題**
> 　児童にとって話し合う必要性が高いものを選定する。
> ○**学級内の問題で,学級全員が協力しなければならない議題**
> 　学級の一部の児童だけに関わるようなものではなく,学級全員の問題であり,全員で協力して解決できるようなものを選定する。
> ○**創意工夫の余地がある議題**
> 　一人一人が気を付ければ済む問題ではなく,自分たちで創意工夫し,協力できる問題を選定するようにする。
> ○**学級や学校生活をよりよいものにする議題**
> 　低学年では,身の回りの出来事に関わる議題,高学年になれば,学級だけでなく学校生活を向上させるという観点から議題を選定することもできるようにする。

※「金銭の徴収」「物品の購入」「教育課程の変更」に関わることなどは,児童だけでは解決できないことから,議題として望ましくありません。

集まった議題案の中からどの議題を選ぶか自分たちで主体的に話し合えるようにします。

児童の自発的,自治的な活動である学級会の議題として,次のような問題は適切ではありません。
〈例〉
○個人情報やプライバシーの問題
○相手を傷付けるような結果が予想される問題
○教育課程の変更に関わる問題
○校内のきまりや施設・設備の利用の変更などに関わる問題
○金銭の徴収に関わる問題
○健康・安全に関わる問題　など

② 学級全員で決定

右の表のように,出された議題を整理し選定したら,次の学級会の候補となった議題を朝の会や帰りの会などで全員に提示します。緊急性・実践の可能性や,前回の活動の課題を解決する問題か,などの視点から,全員の了承を得た上で議題を決定します。

> C:「これは,いつか日にちを決めてみんなでやろう」
> C:「これは,来週の学級会で決めよう」
> C:「この二つの順番でみんなに聞いてみよう」

提案された議題が,どのように処理されたのかを提案者に知らせることが大切です。その際,議題として取り上げられなかった児童にも納得のいくように,その理由や処理の仕方を朝の会や帰りの会などで発表します。そうすることで,どのような問題が議題になるのかを全員で確認することができます。

選定の視点 出された議題	今すぐ解決しなければならない問題か	学級の全員に関係のある問題か	自分たちの力で解決できる問題か	工夫できそうな問題か	学校の生活がよくなる問題	議題	どこで解決するか ・議題に取り上げる ・係へ ・帰りの会 ・先生にお願いする ・委員会へ ・代表委員会へ
夏休みの生活について	×	○	×	×	×		先生にお願いする
水飲み場の使い方	○	○	○	×	△		代表委員会 保健委員会
班ごとの新聞コンクールをしよう	△	○	○	○	○		2学期初めの学級会の議題にする
学級オリンピックをしよう	○	○	○	○	○		次の学級会の議題としたい
朝の会の歌を月ごとにかえたい	○	○	○	○			ミュージック係にお願いする

提案された議題の扱い方の例
○短い時間で集団決定できそうなもの
　　　　　・・・朝の会や帰りの会で
○係に任せるとよいもの
　　　　　・・・係へ連絡
○自分たちだけで解決できないもの
　　　　　・・・先生と相談

学級活動(1) 学級や学校における生活づくりへの参画

計画委員会の活動は？

議題や「話し合うこと」を決定した後，計画委員会は，話合い活動を効率的，効果的に進めていくために活動計画を立案します。教師の適切な指導の下，提案者も一緒に活動計画を立て，話合いに向けた準備をします。

司会は，2人で担当し，協力することで，会を円滑に進めることができます。低学年では「指し役」と「進め役」のように，役割を分けて行う場合もあります。黒板記録も複数にして協力して活動できるようにします。

学級会コーナー

- 議題
- 話し合う日
- 決まっていること
- 計画委員のメンバー
- 学級会の記録
　　　掲示のイラスト

振り返りや児童の日記等から「議題」になる場合もあります。

1 計画委員会の組織

計画委員会は，話合いに必要な一連の活動計画を立て運営するための組織です。司会，黒板記録，ノート記録等で組織されます。

一般的には，司会と記録(黒板・ノート)を「司会グループ」，それに提案者と教師を加えて「計画委員会」を組織します。

2 役割の分担　〜輪番制〜

輪番制により，どの児童も司会，記録を経験できるようにします。話合いの進め方を学級全員が経験することにより，司会以外の児童が進行についてアドバイスするなど，学級会の進行がより円滑になります。

- 計画委員は一つの議題について事前から事後に至るまで責任をもつようにします。
- そのつど打合せが必要ですが，慣れるまでは，打合せのときに，前回のメンバーが計画委員会に入りアドバイスすることもあります。
- 低学年や話合いの経験が少ない学級では，教師と児童が一緒に司会をしながら話合い活動の進め方を学ぶことができるようにします。

3 学級会までの流れと計画委員会での主な準備

学級会までに，準備しておく仕事には次のようなものがあります。

1 問題の発見
- 「議題」を募集します。

教師の適切な指導の下に，児童が生活上の諸問題を発見し，提案します。

2 議題の選定

議題選びの条件に沿って選ぶようにします。選ばれなかった議題案は，各提案者に提案カードなどで伝えるようにします。

3 議題の決定

整理した議題を知らせ，学級会で話し合う必要のある議題を学級全員で決定します。

〜1学期の議題例〜
- どうぞよろしくの会を開こう
- 学級の係を決めよう
- 学級の歩みを残そう
- 1学期がんばったね会をしよう

〜2学期の議題例〜
- ボールの使い方を見直そう
- 1年生と交流会をしよう
- スポーツ集会をしよう
- 係活動発表会をしよう
- 教室の掲示板を活用しよう

〜3学期の議題例〜
- 6年生を送る会の出し物を決めよう
- 思い出○○をつくろう
- ○年生さよならパーティーを開こう

4 児童の活動計画の作成と諸準備

教師の適切な指導の下，児童が次のようなことに気を付け，活動計画を作成します。

- 学級会の役割分担を確認します。

  例えば司会，黒板記録，ノート記録を児童が相談して決め，自分のめあてを明確にします。

- 「提案理由」を明確化します。

  提案者の思いを大切にしながら「何のために活動をするのか」「何のために話し合うのか」を明確に示します。

  合意形成を図るよりどころとなるようにします。

  【提案理由に入れる内容(例)】
  (1) 現状の問題点(今，こうなっている)
  (2) 考えられる解決の方法(こうすることで)
  (3) 解決後のイメージ(こうしたい，こうなりたい)

- 「話し合うこと」を決めます。

  まず，その活動を行う上で必要となることを全て挙げ，1単位時間をかけて話し合う価値のある内容を「話し合うこと①」「話し合うこと②」というように決めます。例えば，「何をするか」「どのようにするか」「係分担はどうするか」などが考えられます。それ以外のものは，朝の会などで話し合います。

- 「話合いのめあて」を決めます。
  - 提案理由を焦点化し，明確にしたい場合
  - 話合い方もめあてとしたい場合

    技能面だけにならないようにします。

    (例) 1年生も楽しめる遊びとなるようにルールを工夫しよう
    友達の意見のよさを生かして話し合おう

- 「決まっていること」を確認します。

  (例) 日時や場所，内容について

- 「議題」や「提案理由」，「話し合うこと」を学級会ノートにまとめ，児童に配付します。

- 話合いの全体的なイメージをもてるようにします。意見を整理するための短冊などの準備をします。

- 学級会コーナーで「議題」「提案理由」「話合いのめあて」「話し合うこと」を掲示するなどして，学級のみんなに知らせます。

- 自分の意見をもって話合いに参加するために，帰りの会などで学級会ノートに記入することを学級全員に計画委員が伝えるようにします。

4 教師から計画委員会への働き掛け

1年生は，教師が中心となって進めますが，話合いの進め方について，進行台本などを作成したり，板書計画を立てたりして，教師と一緒に行いながら，徐々に自分たちで進めていくことができるようにします。

計画委員会で話合いの流れや時間などについて確認するよう助言しておくことで，児童が学級会当日の話合いを自信をもって進めていくことができるようにします。

また，学級会ノートに事前に目を通し，それぞれの考えを把握したり，場合によっては，助言や励ましを書いたりして返すようにします。一人一人の考えた意見が学級会の話合いにしっかり生かされるようにします。

提案理由をまとめるときは，話合い活動に対するみんなの意識を高めるようにまとめます。
- 現在の学級の様子から考えます。
- 何のために話し合ってもらいたいのか考えます。

  「学級みんなで協力してできるから」

  「みんなの生活が快適になるから」
- 学級のみんなに共同の問題であることが分かるようにします。
- 解決の方法や，解決後のイメージを考えます。

  「こんな方法で取り組むことはできないか」

  「学級がこんなふうによくなる」
- 必要に応じて，図・表・具体物などを準備します。

「議題」によっては，「何をするか」について学級活動コーナーに掲示して，事前に出し合っておく方法もあります。

計画委員が原案を作成し，原案をもとに話合いを進める方法も考えられます。

低学年や話合いの経験が少ない学級では，教師と児童が一緒に司会をしながら，教師がモデルとなって，話合いの仕方を児童が学ぶことができるようにします。

学級会の記録は，話合い後の黒板をデジタルカメラで撮影しておき，後の指導に生かすようにすることも考えられます。

学級活動(1) 学級や学校における生活づくりへの参画

問題意識を高めるポイントは？

　学級のみんなに「自分たちの問題だ」という意識付けをするための場や時間を確保することが大切です。提案理由や計画委員会で話し合ったこと，学級会までに考えてほしいことを呼びかけたり，学級活動コーナーに掲示したりすることで，児童の問題意識が高まるようにします。

1 計画委員会からの働き掛け

1 短冊の活用

　「議題」や「提案理由」，「話し合うこと」を短冊に書いておきます。計画委員会で準備し，学級会の2，3日前に朝の会や帰りの会で伝えたり，学級活動コーナーに掲示したりします。次の話合いの内容が，いつでも目に見えるように掲示を工夫しておくことで，議題に対する問題意識を高めることができます。

　掲示していた短冊は，本時でも使うことができます。学級活動コーナーを見ながら，再度自分の考えをもつように助言します。場合によっては，意見交換をすることも考えられます。

2 アンケート，図表の活用

　必要に応じて，アンケートをとって集計したり，図や表にしたりします。まとめたものを学級会の前に掲示しておくことにより，話合いへの必要感を高めたり，自分の考えをもたせたりすることにつながります。

3 進行のシミュレーションと板書計画

　話合いの進め方について，進行台本などを作成し，進め方のシミュレーションをします。それによって話合いの流れや時間などについて確認します。自分の言葉で書いていくことにより，学級会当日の話合いを自信をもって進めていくことができるようになります。学級会ノートに書かれた内容を計画委員会で事前に確認しておくことで，見通しをもつことにつながります。また，教師と一緒に板書計画を立てておくことで，当日，見通しをもって話合いを進めることができます。

　事前の活動で，児童の問題意識を高めることにより，自分たちの力で解決していくのだという雰囲気をつくることができます。

実際の板書の様子

　各自が学級活動ノートに書いた内容を，事前に計画委員会が確認することにより，話合いの見通しをもつことができます。

　議題によっては，「何をするか」について学級活動コーナーに掲示して，事前に意見を出し合っておき，本時ではくらべ合うところから始める場合も考えられます。話し合うことの重点化を図ることで，時間内に話合いが終わることにもつながります。

　日時や場所，準備期間など，「決まっていること」を事前に教室内に掲示しておきます。

計画委員会で板書計画をもとに話し合う

2 教師からの働き掛け

　朝の会や帰りの会などの時間を活用して，各自が学級会ノートに次回の学級会についての考えを書きます。その際，議題や提案理由について学級全体で共通理解を図るよう，計画委員とともに確認します。

　教師がしっかりと指導できるのは，計画委員会の場面です。発達の段階を考慮し，一人一人が考えた意見が学級会の話合いにしっかり生かされるよう，事前の教師の支援が必要です。

学級活動(1) 学級や学校における生活づくりへの参画

提案カードや学級会ノートの活用は？

学級生活の中で発見した議題を提案する提案カードや，自分の考えをまとめたり振り返ったりする学級会ノートを活用することにより，学級活動に対する意欲を高めることができます。

❶ 提案カードの活用

学級や学校の生活上の諸問題に気付いたときにいつでも議題を提案できるよう，学級活動コーナーに議題箱と提案カードを備えておくことで，学級や学校の生活の向上に対する関心が高まります。また，議題例を掲示して知らせることで，様々な議題を見付ける目を育てることにつながります。学級の実態や発達の段階に応じて，使いやすいように工夫します。

提案内容によって分野を分けて示したり，色で区別したりすることで，バランスを考えて提案したり議題を選定したりできるようにします。

提案をどのように扱うのか，計画委員会から提案者へ返事を書くようにします。

❷ 学級会ノートの活用

学級会ノートは話合いについて学級全員の共通理解を図るとともに，各自が自分の考えを整理したり，振り返ったりするためなどに活用します。実践までが1枚になったものなど，使いやすいように工夫して作成します。

共通部分については，計画委員会が事前に記入して印刷，配布します。

高学年では，「学級会の進め方」と一緒になったものなど，負担感なくできるものも考えられます。

学級活動（1） 学級や学校における生活づくりへの参画

学級会の基本的な流れとは？

学級会では，児童から出された提案理由をもとに，課題解決のための方法を話合い，解決方法の決定を行います。基本的な話合いの流れとしては，「出し合う」→「くらべ合う」→「まとめる（決める）」が考えられます。このような流れを基本に学級として折り合いを付けて意見をまとめたり，合意形成を図ったりします。

1 本時の話合いの流れ

学級会では，学級における生活上の課題を解決するために，議題について一人一人の児童が考え，自分の意見を出し合います。多様な考え方や価値観を共有化しながら，学級としての考えや取り組むことについて，学級のみんなが納得できるような解決策を見付け，合意形成を図ります。

議題の確かめ
- 計画委員会の紹介，議題や提案理由，話し合うこと，決まっていることなどを学級全体で確認し，見通しをもって話し合うことができるようにします。
- めあてを確認したり，学級の歌を歌ったりして学級みんなで話し合う雰囲気をつくり，意欲を高めます。

（進め方の例）
① はじめのことば
② 計画委員会の紹介
③ 議題の確認
④ 提案理由やめあての確認

話し合うこと① → 話し合うこと② → 話し合うこと③

解決方法等の話合い

出し合う
提案理由や話合いのめあてに沿って，自分の考えを自分の言葉で発表します。

くらべ合う
質疑応答を通して出された意見の内容を分かり合い，共通点や相違点を確かめたり理解したりします。その際に，出された意見の分類・整理を行ったり，提案理由や話合いのめあてなどを視点としてくらべ合ったりして，よりよい解決の方法を探っていきます。

解決方法の決定

まとめる（決める）
いろいろな意見の違いを認めながら，学級全体としてよりよい解決につながる自分の意見を提案します。そして，最終的に折り合いを付けるなどして合意形成を図り，みんなの総意としてまとめる（決める）ようにします。

話合いのまとめ
- 話合いで決まったことを発表し，決定された内容を全体で確認します。
- 教師の話では，話合い活動のよかったことや課題を具体的に話すとともに，実践に向けての意欲を高める声掛けを行います。

（進め方の例）
① 決まったことの発表
② 話合いの振り返り
③ 先生の話
④ 終わりの言葉

 出し合う 段階では，児童一人一人が「話し合うこと」について自分の考えを発表します。賛成意見や反対意見を述べるのではなく，様々な考えを認めながら発表し合うことが大切です。

 **くらべ合う** 段階では，提案者の思いに寄り添いながら意見の背景にある思いを聞き合うようにします。すぐに賛成や反対意見を述べ合うのではなく，自分の考えと何が違ってどこが同じなのかを視点としてどの意見がよいのかを考えて，話し合うようにします。

まとめる（決める） 段階では，みんなが納得できる意見を選んだり，意見のよいところを取り入れながら納得したりするなどの方法で，一人一人を大切にした決定をすることが大切です。

2 「話し合うこと」を設定する上でのポイント

5W1Hの内容を確認する
- **Why**「なぜその活動を行うのか」は提案理由であり，話し合って合意形成を図る際のよりどころになるものです。
- **When**「いつ行うのか」，**Where**「どこで行うのか」は，教師が事前に決めることであり，「決まっていること（条件）」として，事前に学級で共通理解しておく内容です。
- 主に学級会で話し合うことは，以下の3つが基本となります。
  - 話し合うこと① **What**「何をするのか」（内容）
  - 話し合うこと② **How**「どのようにするのか」（工夫，約束，ルール等）
  - 話し合うこと③ **Who**「誰がやるか」（役割分担）
- **How**「どのようにするのか」を中心に話し合うことで，児童は決められた条件の中でより創意工夫を生かした話合いをすることができます。

Why	「なぜその活動を行うのか」
When	「いつ行うのか」
Where	「どこで行うのか」
What	「何をするのか」
How	「どのようにするのか」
Who	「誰がやるのか」（役割分担）

学級活動(1) 学級や学校における生活づくりへの参画

「出し合う」段階の指導のポイントは？

「出し合う」段階は、児童一人一人が考え付いたことを自由に出し合う場面のことです。提案理由に対して、自分としてはどうしたいか、どう考えるかという児童の思いや願いを大切にしながら指導します。

❶ 「出し合う」段階の内容

学級会では、一人一人の意見を発表し、意見を出し合うことから始めます。意見を発表するためには、どのような目的で、何のために話し合うのかを明確にしていることが大切になります。そのためには、「提案理由」をより具体的にしたり、大切にしたいことをキーワードにしたりして示すこともあります。そうすることによって、児童は、自分の好みや得手不得手だけでなく、ねらいを意識しながらも自分の思いや願いを意見に反映することができるようになります。

実践の日時や場所、決める数などを「決まっていること」として明確にし、事前に確認しておくことが大切です。これを踏まえて一人一人が意見を考え、出し合うようにします。

❷ 「出し合う」段階の例

1 本時で意見を発表して出し合う

学級会の場で、一人一人の意見を発表し合う。

留意点
○発言の苦手な児童も参加しやすい雰囲気をつくる。
○条件（決まっていること）を明確にしておく。
○理由を明確にして発表できるようにする。

よりよい話合いが行われるようにするためには、様々な視点からの案を出し合い、それを検討するという手順が大切です。事前に多様な考えを出せるように工夫をします。
例えば、
○提案理由に沿って、一人一人が付せん紙に自分の考えを書き、グループで分類・整理したり、小グループで意見交換をしたりする。
○考えを自由に記述できるワークシート等を活用して、多様な意見が出されるようにする。

2 事前に短冊などで出し合う

一人一人が事前に学級会ノートなどに書いた考えを、短冊等に記入し事前に掲示しておく。

留意点
○事前にみんなの意見や考えを共通理解できるようにする。
○それぞれの意見の理由を明確にした上で、「くらべ合い」から話合いを進められるようにする。
○事前に計画委員会で意見の分類をしておく。

自分の考えをもっていても、なかなかみんなの前で発表できない児童もいます。自分の思いや考えを発言できるようにするためには、学級会ノートに励ましのコメントを書いたり、声を掛けたりするなどが必要です。日常から支持的風土のある学級経営を心掛けることが大切です。

❸ 提案理由や話合いのめあてに沿って発言する

学級会ノートなどに書いた自分の意見を、理由を添えて発表します。

「私は、○○がいいです。わけは、△△だからです。」

意見の内容は、自分の好き嫌いだけではなく、提案理由や話合いのめあてに沿って言えるようにすることが大切です。低学年では上のような話型に沿って発言しますが、高学年では、児童の実態に応じて、話型に捉われず、根拠（理由）を明確にして自分の考えや思いを自分の言葉で説明できるように指導します。

学級活動（1） 学級や学校における生活づくりへの参画

「くらべ合う」→「まとめる（決める）」段階の指導のポイントは？

児童から出された意見の共通点や相違点を確かめたり，比べ合ったりしながら，よりよい意見を見付け，学級のみんなで折り合いを付けて集団としての意見をまとめたり，合意形成を図ったりします。

意見を理解しやすくするためには，学年の段階や話合いの内容によっては，図やイラストで表したり，動作化しながら説明したり，実際にやってみたりすることも効果的です。

児童の発言によっては「○○ということかな」などと，教師から発言の意図や状況などを確認する助言を行い，イメージの共有化を図ります。

賛成意見や反対意見が一つも出ていない意見がある場合には，この意見についてどう思うかなどを，全体に問いかけたり，案を出した児童にどう考えるか発言の機会を与えたりするようにします。

個人的な趣味や好みだけにとらわれない話合いにするために，一つ一つの意見を大切に受け止めることができるようにします。特に高学年では，出された意見の背景にある相手の立場や考え方を理解し，広い視野で，客観的にどの意見がよいかを考えることができるように指導・助言を行うことも必要です。

学級会の板書は，意見を簡潔にまとめて書いたり，短冊を活用したりして，話合いの過程が分かるようにします。児童の思考を視覚化，構造化するために，似ている意見をまとめたり，いくつかに分類したりします。そうすることで，それぞれの考えの違いやよさが比べやすくなります。

❶「くらべ合う」の内容

出された意見を理解する

出された意見を理解するために，質問を通して意見の内容やそこに込められている思いを確認します。意見の内容を聞き合うことが，合意形成を目指す話合いの基礎になります。

（聞き合う例）
○○さんを迎える会で
何問？　誰が？
意見
4の3クイズ
内容は？

例「○○さんの考えをもう一度教えてください」
「○○さんの意見は，△△ということでよいですか」など

比較し共通点や相違点を見付ける

出された意見について，提案理由を踏まえて，よりよい解決策を見付けるために，賛成意見や反対意見を述べ合います。賛成，反対の理由の確認，数の把握などをしながら，意見をしぼっていきます。それぞれの意見の違いを明確にしながら，提案理由に合ったよりよい意見にまとめていきます。大切なのは，合意形成に向かうためのプロセスです。

（比較の例）○○さんを迎える会で
クラスのことが分かる。　共通点　一人一人のことが分かる。
相違点　4の3クイズ　クラスのことを知ってもらえる。　わたしはだれでしょうクイズ　相違点

例「私は○○の意見について，△△がよいと思います。わけは□□です」
「私は○○さんの意見の△△のところが，□□の理由で心配です。○○ではどうですか」など

❷ よりよい意見を見いだし「まとめる」

- 意見のよさを見付けることや，多くの意見を生かし合う意識をもちながら話し合うことで，お互いの意見のよさを合わせた，創意に満ちた考えが生まれます。
- 意見の背景を聞き合ったり，論点になっていることを中心に話し合ったりすることを通して，納得できる意見を見付けることができます。賛成，反対意見の言い合いや，反対意見ばかりの発言にならないように，友達の意見に付け足したり，質問して不明な点について明確にしたりしながら話し合えるように，適切な助言を行うことが大切です。

例「私は○○の意見に付け足して△△をするといいと思います」
「私は○○と△△は，似ているので，まとめることができると思います」

③ 折り合いを付けて意見をまとめる

学級会では，自分と異なる意見や少数意見も尊重し，できるだけ多くの意見のよさを生かす方法を考えるようにします。安易に多数決で決定することなく折り合いを付けて，集団として意見をまとめていくことが大切です。

④ 合意形成のプロセスの例

「合意形成」をするためには，これまで以上に，異なる意見を互いに理解し合った上で，合意点を見付けることが大切です。比べやすいように短冊等を活用して視覚化し，以下の視点で比較します。

①互いの意見を理解し合う（相手の立場に立って共感的に理解する）
②何が違うのかを明確にする（理由を明確にして比較する）
③見方を変える（視点を変えて比較する）

教師の適切な指導の下，児童が比べられるようにします。合意形成のプロセスの例として，次のようなものが考えられます。

新しい考えをつくる
- 出された意見をもとに新しい考えをつくります。意見を取り入れる部分の理解を得ることが必要です。

「AとBの意見のよいところを生かして，Cという意見にしてはどうですか」
「Cの意見にすると，みんなの意見が入れられるね」など

意見を合わせる
- 2つ以上の意見を合わせます。多くの意見を採用することができますが，合わせることで不都合が出る場合の確認が必要です。

「AとBの意見を合わせて，abの意見にしてはどうですか」
「abの意見にすると○○の心配がありますがいいですか」など

優先順位を決める
- 優先順位を決めて行います。今回は取り扱わない意見をどのようにするか確認しておく必要があります。

「次は△△の意見を行うことにして，今回は，○○の意見に決めてもいいですか」
「□□の意見は，休み時間のクラス遊びで行うことにしたらよいと思います」など

条件を付ける
- 条件を付ける内容を明確にし，決定された内容に無理がないか確認する必要があります。

「○○の意見に，△△ということを付け加えるといいと思います」
「△△の内容が入れば，みんなで決めた条件に合うので，○○の意見がいいです」など

少しずつ全部行う
- 時間を決めて全て縮小して行います。時間的な制約があることを確認する必要があります。

「Aの意見とBの意見について，時間を短くして両方行うことに決めていいですか」
「みんなの意見をまとめて，上手くできるか考えないといけないと思います」など

共感的に理解し，譲る
- 友達の意見に対する思いを共感的に理解した上で，自分の意見を今回は取り下げて決定する方法です。

「○○さんの思いはよく分かりました。みんなの意見を聞いて，今回は私の意見ではなく，○○の意見に決めていいです」など

多数決を行う
- 意見が十分出し尽くされた状態で，多数決を行うことを全員が承認した場合に限り行います。多数決で決めたことには，必ず協力して取り組むことを始めに確認しておきます。

「多くの意見について話し合いましたが決まらないので，今回は，多数決で決めてもいいですか」
「○○に決まりました。全員で協力して取り組みましょう」など

「くらべ合う」段階と「まとめる（決める）」段階はそれぞれ明確に分けられるものではなく，それぞれの段階で児童の思考の流れを生かして創意工夫しながら，合意形成を目指します。

教師は，学級全員に問い掛けたり，司会グループに指導をしたりしながら合意形成を図るようにします。

合意形成に向けた司会の進め方（例）

話合いがそれたときは，提案理由やめあてを確認します。

「提案理由をもう一度確かめましょう」
「○○という意見をどのようにすれば，提案理由に近付きますか」など

○話合いの状況に合わせて学級全体に問い掛けます。

「Aという意見が多いのでAに決めてよいですか」
「AとBの意見を合わせてCという考えに決めてもよいですか」など

「今回は，これまでの話合いの様子から，○○の意見がよいと思いますがどうですか」
「今回は，○○の意見に条件を付けて△△ということではどうですか」など

○合意形成を図った後，司会が，決まったことを確認したり，黒板記録が決まった考えに決定マークを付けたりして明確にすることが大切です。
○自分の意見に決まらなかった児童に対して配慮することも必要です。

「自分の意見に決まらなかった人もいるけれど，よく考えて，意見を言ってくれたおかげでよい話合いになりました」など

学級活動（1）　学級や学校における生活づくりへの参画

板書を活用した思考の可視化・操作化・構造化とは？

児童から出された意見を短冊などに書き出して黒板に貼ったり，同じ内容ものを分類してまとめたりすることで，お互いの理解を深めることができます。また，話合いの過程で変化する考えを，短冊を動かすことで表したり思考ツールやマークなどを活用したりすることで，合意形成に向けた話合いの流れや考えを捉えやすくすることができます。

思考ツールはここで紹介するもののほかにも様々なものがありますが，学級会で活用する場合は，何のために取り入れるのかをよく検討していく必要があります。あくまでも，児童の主体的な話合いを支援するためのものであることをよく理解した上で，取り入れることが大切です。

1 思考を可視化・操作化・構造化する

学級会では，様々な意見を出し合ったり，意見を比べたりしながら話合いを進めていきます。しかし，時には話合いが混乱してしまいうまく進まない場合があります。その原因の一つとして，話合いの視点がずれていたり，いろいろな意見を整理したりすることができていないことがあります。そのような場合に，話合いの流れや考えを可視化・操作化・構造化することで，児童がより話合いをスムーズに進めたり，深めたりすることができます。また，思考ツールを必要に応じて適切に取り入れたり，電子黒板を活用したりすることで，よいよい合意形成につなげることができます。

● 学習の流れ・時計
　学習の流れカードや矢印は，児童が話し合っている内容を確かめたり，話合いの流れを見通したりすることを助けます。時計は，計画的に話合いを進めるための目安にすることができます。

● 賛成・反対マーク等の活用
　賛成・反対マークは，話合いの状況を可視化し，全体像を捉える上で有効です。また，決定マークを貼ることで，みんなで決めたという意識をもてるようにします。

● 短冊の活用
　短冊に意見を書き黒板上で操作しながら話合いを進めることができます。事前に書いておく場合と，意見が出されたときに黒板記録が記入する場合があります。活用の仕方としては，話合いで似たような意見が重なったり，たくさんの意見が出されたりしたときに，短冊で意見を分類・整理することで比べやすくなります。また，決定されなかった意見の短冊も，振り返りで活用することができるため，板書に残しておくようにしましょう。

① 似た意見の短冊を分類する
　出された意見を操作し，似たような意見で分類することで，意見の種類や内容が分かりやすくなります。

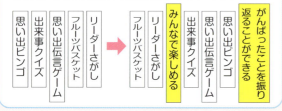

② 話合いを焦点化する
　短冊を話合いの段階ごとに移動することで，話合いの中心となっていることを理解しやすくすることもできます。また，短冊の色を変えて示すことで，意見の内容を捉えやすくすることもできます。

【例】ピンク短冊→改善策
　　　青短冊→心配なこと

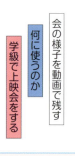

2 板書の可視化・操作化・構造化の工夫

　学級活動の可視化・操作化・構造化についての指導では，児童が話合いの場面で，必要に応じて話合いの方法を創意工夫しながら行うことが大切です。そのためには，様々な議題による話合いの経験を積み重ねていくことや教科で学習したことを学級活動で活用していこうとする視点をもつことができるように指導していくことが必要です。

　教師が計画委員会へ指導を行う中で，分類・整理の方法を助言することも効果的です。操作化・構造化の経験が少ない場合や低学年では，学級会の中で，教師と一緒に操作しながら体得できるようにしていくことが大切です。

〈提案理由の構造化〉
提案理由をキーワードをもとに，構造的に示す方法もあります。

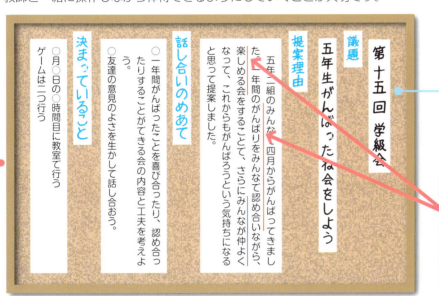

　学級活動コーナーにコルクボードなどを活用して掲示し，学級会の際に黒板の横に移動するなどの工夫も考えられます。
　また，提案理由等をICT機器を活用して示すことも考えられます。

提案理由のキーワード
　提案理由のキーワードを，サイドラインを引いたり，色を分けたりすることで，児童が話合いで大切にしたい内容を焦点化することができます。

〈思考ツールの活用例〉
　板書で示した短冊を操作，分類，整合して合意形成を図る方法以外に，次のような思考ツールを活用した整理の仕方も考えられます。
　例えば，X型やY型に区切られた領域で意見や違いを分類していくXチャートやYチャートの活用では，それぞれの意見のよさや達成方法の違いを明確にし，比較や決定のための基準を明らかにすることができます。
　他教科でも視点を明確にして話し合ったり，気付いたことを書いたりする際に活用することができます。

●Yチャートを活用した例

　それぞれのゲームの「よさの違い」を明確にして話し合い，学級のみんなにとってよりよいものを決めることができるようにします。

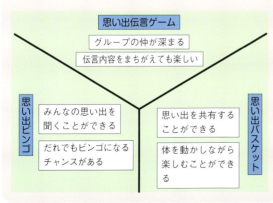

●座標軸を活用した例

　提案理由をもとに，視点となるキーワードを設定します。出された意見を，視点をもとに分類・整理します。短冊の位置により，学級としてのよりよい意見を見付けることができます。

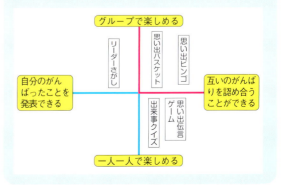

学級活動(1) 学級や学校における生活づくりへの参画

学級会を充実させる教師の指導助言は?

基本的に教師は児童の話合いを見守ることになりますが，適切なタイミングで指導助言を行います。人権を侵害する発言があったときや，話合いが混乱したとき，ねらいや提案理由などから大きくそれた場合，話合いを深めるときなどは，話合いを止めて指導助言を行う必要があります。

1 指導助言を行う教師の基本的な姿勢

学級会は，児童の学級生活をよりよくしていきたいという願いを十分に生かし，児童が自分たちで合意形成を行い実践までの一連の活動を繰り返しながら深めることが重要です。そのための教師の指導助言では，児童の主体性を，より伸ばすための姿勢が求められます。しかし，同時に集団活動は，人間関係をよくすることも，悪くすることもあります。このことを教師がしっかりと認識し，学級会の状況をよく見て，相手を傷付ける発言があった場合などは，毅然とした態度で指導することが必要です。

提案理由に込められた思いを実現するためには何が大切なのかを考えることや，意見の種類などを学級会ノートを活用して事前につかんでおくことが大切です。そうすることで，話合いの流れをイメージすることができ，適切なタイミングで指導助言を行うことができます。

> 話合いの流れをつかむために
> ○学級活動ノートに書かれた意見の内容を確認する。
> ○板書計画を作成する。
> ○進め方をシミュレーションする。

2 話合いの前に確認すること

● 低学年や経験が浅い学級の場合は，事前に確認をすることを通して，児童が見通しをもって話合いに参加できるようにすることも大切です。

> ・「今日の話合いは何のために行うのか」
> ・「決まっていることは何か」
> ・「どんなことに気を付けて話し合わなければいけないか」など

3 学級会での教師の指導助言

以下のことが話合いで出た場合はその場で適切に指導助言を行うことが必要です。

> すぐに指導助言を行う場面
> ①学級の児童を傷付けることが予想される内容に関すること
> ②実施の時間や校内の決まりや施設利用に関することや金銭に関すること
> ③健康や安全を損なうおそれがあること

児童の自治的な活動の範囲を超える話合いになってしまう場合は，話し合うことができる内容の条件を示しながら指導します。
事前に話し合うことができない内容例を学級会オリエンテーションで示しておくとよいでしょう。

話合いの中での助言例

児童の発言から話合いの全体の流れを捉えたり，一人一人の児童の考えを注意深く聞き取ることで，話合いの状況を適切に把握し，機会を捉えて次のような指導助言をします。

話合いがそれたとき	→「提案理由やめあてをもう一度確かめてみましょう」
意見が対立したとき	→「それぞれの意見のちがいは，どんなところかな」 「○○さんはどうして，この意見がよいと考えるのかな」
発言が偏ったとき	→「○○という意見についてはどう思いますか」
反対意見ばかりが出るとき	→「よりよくするためにはどうすればいいか考えよう」

不適切な例

「よい考えですね」などのように，児童の話合いの内容を方向付ける助言は，主体性を妨げることにつながるため行わないようにし，児童を中心にした話合いにすることを大切にします。

反対の意見をもっていた児童に対しては，最終的には決まったことには協力して取り組むよう指導し，決まったことが自分たちの生活や人間関係を高めていくことを価値付け，実践への意欲を高めるようにします。

終末の教師の話

① 前回の学級会と比べて，よかったことを称賛する。
　初めに，みんなで話し合って，学級として合意形成を図ることができたことを称賛します。
　そして，前回の学級会と比べてよかったことを伝えます。
② 次回の学級会に向けての課題について指導する。
　さらによりよい話合い活動にするために，発言の仕方や話合いの進め方などの課題について指導します。
③ 司会グループや学級全体へのねぎらいで実践意欲を高める。
　司会グループに対しては，計画から話合いまでの取組に対してがんばったことを認め，称賛します。学級全体に対しても提案者の思いを大切にしながら話し合ったことを認め，実践への意欲を高めるようにします。

学級活動(1) 　学級や学校における生活づくりへの参画

話合いの振り返りの仕方は？

活動したことを自分の言葉で振り返り，認め合ったり改善点を明らかにしたりして，その後の活動がよりよいものになるようにします。その際，学級会ノートや振り返りカード，掲示物などを活用します。

話合いの振り返りでは，自分や友達の「何がよかったのか」をしっかり判断してよりよく評価し，次の活動に生かすようにすることが大切です。そうすることで，児童自身の自己評価する力を高めたり，互いのよさやがんばりを認め合ったりすることにつながります。また，振り返りを個人の記録として残しておくことで，個人の歩みとして学びを実感することができます。

❶ 学級会ノートの活用

自分や友達のよさに気付き，自分が成長したことに自信をもつことができるようにします。自分のがんばりについてチェック項目をもとに自己評価するとともに，話合いで学んだことや実践に向けての期待感などを言葉で表します。その際，次のような視点で振り返ることが大切です。

- 自分や友達のよかったところやがんばったことは何か。
- いろいろな意見のよさを見つけたり，比べたり，生かし合ったりすることができたか。
- 提案理由やめあてを踏まえて話し合い，折り合いを付けて合意形成することができたか。
- 前回の学級会と比べてよかった点や，次回に向けての改善点は何か。
- 決まったことに対して楽しみなことやこれから自分ががんばりたいことは何か。

❷ 振り返りカードの活用

振り返りカードを使って，話合いの振り返りだけではなく，実践まで振り返ることができるようにする方法もあります。よりよい学級会に向けて，次のようなことに留意して振り返りを行うことが大切です。

話合いの振り返りのポイント
- 自分や友達のよさを互いに確認し，伝え合うこと
- 目標が達成できたかどうかを確認すること※
- 次の学級会で改善できること※
- 次の学級会に向けての目標を設定すること
（※は個人と学級双方の視点から）

❸ 振り返りの掲示の工夫

板書を写真に撮って掲示したり，話合い活動や実践の振り返りを掲示したりして，次の話合いや実践の参考にすることができるようにします。

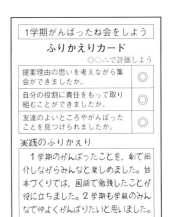

学級活動(1) 学級や学校における生活づくりへの参画

学級会を円滑に進めるための準備は？

掲示物や板書の表示を工夫したり，「学級会グッズ」などを活用したりして，児童が学級会に進んで取り組み，円滑に進めることができるようにします。

1 掲示物や板書の表示などの工夫

- 「提案理由」や「決まっていること」の掲示
- 司会や黒板記録などの係を示すネームプレートやペンダント
- 「賛成」「反対」の磁石や決定，「今ココ」などのマーク
- 意見を書く短冊
- 話合いの流れの表示
  「出し合う」「くらべ合う」「まとめる（決める）」など
- 時間の目安となる時計マークや言葉（「あと○分です」）など
- 提案に関わる資料や映像

話合いや実践までの見通しがもてるよう，予定を書いたカレンダーを掲示しておくことも考えられます。

2 「学級会グッズ」活用の工夫

議題や提案理由などを短冊に書いて，学級活動コーナーに事前に掲示しておき，学級会のときにそのまま短冊を移動して使えるようにします。

次の学級会の内容を掲示することで，事前に一人一人が自分の考えをもち，活動の見通しをもって話合いに臨むことができます。

司会などの役割のネームプレートやペンダント，話合いの流れの掲示など，「学級会グッズ」としてまとめておき，すぐに使えるようにします。事前アンケート結果なども掲示しておくと，児童の意識が高まり，アンケート結果を話合いに生かすこともできます。

コルクボードやホワイトボードなどを活用して事前に議題や「話し合うこと」を掲示して児童の意識を高めるようにします。学級会ではそのまま移動して使用することもできます。

「話合いの流れ」や「今どこの段階かを示すマーク」「時間のめやす」の表示

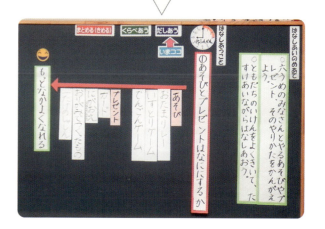

学級活動（1） 学級や学校における生活づくりへの参画

次に生かす事後の活動の指導の工夫は？

話合い活動の振り返りとともに一連の実践の成果や課題の振り返りを行うことで，結果を分析し成長を実感したり，次の課題解決に生かしたりするなど，実践の継続や新たな課題の発見につなげるようにします。

学級会で話し合って決まったことを学級全体で共通理解し，協力し合って実践できるようにします。また，一連の活動を振り返って，次の活動へつなげるようにします。

① 話し合ったことの確認

事後の活動には，学級会で決まったことを実践して生活の中で生かすことや，集会を1時間かけて行うことなどがあります。学級会が行われたその日の帰りの会や翌日の朝の会などで，学級会で決まったことを確認することが，事後の活動を確かなものにする上で大切です。話合いで取り上げられなかったことについてもどのようにするか，確認しておきます。

② 準備・実践

学級会で話し合い，集会活動などにおける必要な役割や仕事の分担が決まったら，協力しながら準備を行います。同じ係の友達と協力して準備したり，みんなで仲よく実践したりする中で，互いのよさやがんばりに気付き，好ましい人間関係を築くことができるようにします。「みんなで話し合って決めたことは，必ず協力して実践する」ということを徹底し，みんなで決めたことを協力して活動することの大切さを理解できるようにします。

また，集会の係は全員で分担し学級全員で集会を盛り上げるようにすることで，学級の一員としての意識や所属感が高まります。児童が努力の成果を実感できるように評価し，達成感を味わえるようにします。

③ 一連の活動の振り返り

一連の学習過程を成立させる上で，振り返りは非常に重要な役割を果たします。学級活動（1）の振り返りでは，基本的に学級全体に関することを取り扱います。例えば，「学級でこれからも大切にしたいことや，よりよくしていけること」を取り扱う際には，友達のよかったところやがんばったところなどをお互いに伝え合うことも重要になります。さらに，こうした学級活動（1）の実践と関連させて，個人の振り返りや目標設定を行うことは，学級活動（3）との関連にもつながります。

振り返った内容や次の活動に向けての目標を，教室内に掲示することによって，次の活動に向けての意識付けになります。

話し合って決まったことや分担した係などを学級活動コーナーに示して，常に確認できるようにし実践意欲を高めます。

また，作成中のプログラムを掲示したり，進んで活動している係を称賛したりするなど，係ごとの進捗状況を確認し，実践意欲が継続するように工夫します。

事後の活動においても，活躍の場を多く設定し，友達と協力したり，仲よく実践したりすることを通して，自分のよさを発揮したり，互いのよさやがんばりに気付いたりすることができるようにします。

役割分担は，「司会は男女1名ずつ」などのように人数を限定したり，得意・不得意で考えたりするのではなく，経験がなくてもできるだけ希望を生かせるようにして，みんなで協力することの大切さを実感できるようにします。

活動が終わったら，学級活動コーナーに学級会の議題や実践したことなどについて掲示し，学級活動の足跡を残すことも考えられます。

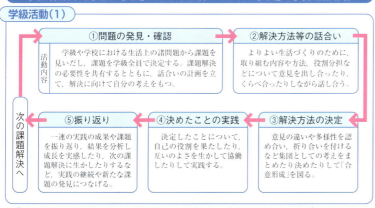

学級活動「(1)学級や学校における生活づくりへの参画」の学習過程（例）

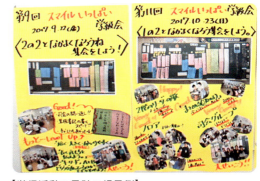

【学級活動の足跡の掲示例】

学級活動(1)　学級や学校における生活づくりへの参画

学級活動(1)の指導案の作成の仕方は？

学級活動(1)は児童が主体となって具体的に問題の解決方法を集団で話し合い，合意形成したことについて協力して実践していく活動です。指導案は，この特質を踏まえて作成することが重要です。

学級活動「(1)学級や学校における生活づくりへの参画」は，児童が自分たちの学級や学校の生活をよりよくするために，議題を見いだし，話し合い，合意形成したことに協働して取り組むとともに，一連の活動を振り返り，次の課題解決へつなげることを通して，自治的能力を育みます。

学級活動(1)は児童による自発的，自治的な実践活動であることから，発達の段階に応じて，計画委員会などで児童自らの作成した活動計画を添付するなどの工夫が大切です。

〈児童の活動計画に示す例〉
○ 議題
○ 計画委員会の役割分担
○ 提案理由
○ 話合いのめあて
○ 決まっていること
○ 話合いの順序
○ 気を付けること
○ 準備

事前，本時，事後の一連の活動を指して議題とし，「～をしよう」などとします。

児童の学級生活における実態や，学級活動における実態などについて記述します。

議題が選定された背景や，教師の指導観などについて記述します。

(1)児童の実態と(2)議題選定の理由を統合して記述することも考えられます。

❶ 学級活動(1)の指導案の内容

学級活動(1)の指導案においては，課題を解決するために集団として合意形成し，それに全員で取り組むという学級活動(1)の特質を踏まえて作成する必要があります。

この指導案に示す内容としては，議題，児童の実態と議題選定の理由，育成を目指す資質・能力，事前の活動(本時に至るまでの活動の流れ)，本時のねらい，児童の活動計画，教師の指導計画(指導上の留意点)，使用する教材や資料，事後の活動，評価の観点などが考えられます。(『小学校学習指導要領解説　特別活動編』P68)

❷ 学級活動(1)指導案例

　第4学年○組　学級活動(1)指導案　　○○年○月○日(木)第5校時
　　　　　　　　　　　　　　　　　　　　指導者　教諭　　○○　○○

1 議題　「4年○組かるた大会をしよう」
　　　（ア　学級や学校における生活上の諸問題の解決）

2 議題について

(1) 児童の実態

　本学級の児童は，明るく素直な児童が多い。休み時間になると元気よく外へ飛び出し，仲よく遊ぶ姿が多く見られる。交友関係を見ると，特に女子は仲のよい特定のグループができつつある。男女の仲はよく，グループをつくる際にも男女の垣根を越えて組むことができる。

　学級活動については，4月に児童，保護者，担任の願いを盛り込んだ学級目標を設定し，その上で1学期の個人目標を意思決定した。また学級会オリエンテーションを行い，学級会の進め方や話合いの約束などについて共通理解を図った。その後，「クラスが楽しくなる係を決めよう」「1学期まとめの会をしよう」などの議題で話し合い，実践を積み重ねてきた。これらの活動を通して，児童はみんなで協力して実践する楽しさを味わい，学級会の進め方も少しずつ身に付けてきた。しかし，学級会の際に友達の意見が最後まで聞けずに口を挟んでしまったり，仲よしの友達の意見に流されてしまったりするなど，相手を思いやる気持ちが欠けている児童や何事も他人任せで自分たちで計画的に活動を進めていこうとする意識の低い児童がいるという現状がある。

(2) 議題選定の理由

　本議題は，学級会オリエンテーションの際，議題案の一つとして挙がっていたものである。休み時間に郷土かるたや百人一首で遊ぶ中で「今度は4年○組だけのかるたを作って，みんなでかるた大会がしたい」という思いが徐々に高まり，議題として選定された。自分たちだけのかるたを作ることを通して自分や友達のことを深く知るとともに，学級への所属感を高めていく。かるた大会を計画し，実践することを通して協力することの大切さを味わうことができるようにする。

また，「かるたに書く内容を何にするか」「友達のことをもっとよく知るためにどんな工夫をするか」「役割分担をどうするか」という３点について，互いの意見を尊重し合いながら協力して計画を立て，実践できるように指導していく。かるた大会を通して互いのよさに気付き，協力してよりよい人間関係を築くとともに，自分たちの力でよりよい学級生活をつくっていこうとする自治的能力を育てていきたい。

3 第３学年及び第４学年の評価規準

観点	よりよい生活や人間関係を築くための知識・技能	集団の一員としての話合い活動や実践活動を通した思考・判断・表現	主体的に生活や人間関係をよりよくしようとする態度
評価規準	学級や学校の生活上の諸問題を話し合って解決することや他者と協働して取り組むことの大切さを理解し，合意形成の手順や活動の方法を身に付けている。	学級や学校の生活をよりよくするための課題を見いだし，解決するために話し合い，多様な意見を生かして合意形成を図り，協力して実践している。	学級や学校における人間関係をよりよくし，他者と協働しながら日常生活の向上を図ろうとしている。

ここでは「話し合うこと」を３点設定していますが，議題や発達の段階により，「話し合うこと」を設定するようにします。

ここで示す観点はあくまで例示です。
　議題ごとに評価規準を設定するのではなく，各学校で定めた評価の観点に基づき，低・中・高学年ごとに評価規準を設定します。

4 事前の活動（本時に至るまでの活動の流れ）

【計画委員会の活動】

日　時	児童の活動	・指導上の留意点	◎目指す児童の姿（観点）【評価方法】
○月○○日（○）業間休み	・提案ポストの議題案を確認し，選定する。〈提案された議題〉・４年○組だけのかるたを作ってかるた大会をしたい。・学級文集を作りたい。・「得意なこと発表会」をしたい。	・議題選びの視点を念頭に置いて選定することを指導する。	◎よりよい学級生活をつくるために，進んで議題の選定をしようとしている。（主体的に取り組む態度）【提案カード，観察】
○月○○日（○）昼休み	・活動計画を作成する。（提案理由，めあて，話し合うこと，決まっていること（条件等）の確認）・学級会の進行の仕方を確認する。・学級活動コーナーに掲示する。	・実態を踏まえ，日時や場所などの条件を教師が設定する。・提案者の思いや願いを学級全体の共同の問題になるように，提案理由をしっかりと深めるようにする。	◎計画委員会の役割，かるた大会に向けた話合いの進行の仕方等を理解している。（知識・技能）【活動計画，観察】
○月○○日（○）昼休み	・学級会ノートに目を通し，書かれた意見を整理する。	・出された意見から話合いの見通しがもてるように助言する。必要に応じて短冊に記入する。	

学級会に向けた計画委員会の準備の計画を示します。

例
〈計画委員会が行う準備計画〉
①議題の選定，②活動計画・学級会ノートの作成，③学級活動コーナーへの掲示，④短冊の作成・掲示，⑤学級会での役割分担，⑥進行の確認などの活動が考えられます。
〈学級全員が行う準備計画〉
①議題の決定，②学級会ノートへの記入などの活動が考えられます。

【学級全員の活動】

日　時	児童の活動	・指導上の留意点	◎目指す児童の姿（観点）【評価方法】
○月○○日（○）帰りの会	・議題を決定する。	・計画委員会の提案のもと，学級全員で決定する。	◎学級生活をよりよくするために，進んで議題を考えたり，選んだりしようとしている。（主体的に取り組む態度）【観察】

学級会までに学級全員が行う準備の計画を記述します。

学級活動(1) 学級や学校における生活づくりへの参画

学級活動(1)の指導案の作成の仕方は？

○月○○日(○)帰りの会	・学級会ノートに自分の考えを記入する。	・話し合うことや決まっていることが共通理解できるよう必要に応じて助言する。	◎かるた大会の目的に合った意見を考え，判断し，ノートに書くことができる。 (思考・判断・表現) 【学級会ノート】
○○日(○)朝の会	・学級会ノートを受け取る。	・学級会ノートに励ましの言葉等を記入し，話合いの意欲を高める。	

5 本時の展開

(1) 本時のねらい

学級生活をより楽しく豊かなものにするため，友達の立場や思いを察しながら，みんなのことをもっとよく知ることができるオリジナルかるたの内容やかるた大会の計画を考えることができるようにする。

計画委員の児童が作成した活動計画を指導案に添付します。
低学年など，児童の作成が難しい場合，教師が記述することも考えられます。

(2) 児童の活動計画

第13回　4年○組　学級会　活動計画　○○年○月○○日(木)第5校時		
議題	4年○組かるた大会をしよう	
提案理由 提案者 ○○さん	今まで4年○組では，いろいろな集会や行事を通して，けんかや失敗をしながらもみんなで協力して乗りこえてきました。今度は4年○組だけのオリジナルかるたを作ってみんなで楽しむことで，友達やクラスの新たなよさも発見でき，クラスのきずなはさらに深まると思ってていく楽しみました。	
司会グループ	司会　○○さん　黒板記録　○○さん　ノート記録　○○さん 司会　○○さん　黒板記録　○○さん	
話し合いのめあて	友達やクラスのよさを発見できるかるた大会を計画しよう	
決まっていること	・○月○○日(○)○時間目に実施する。　・四つ切り画用紙で作る ・50音の行ごとに班で分担してみんなで1セット作る　・体育館で実施する	
話し合いの順序	気を付けること	準備
1　はじめの言葉 2　計画委員のしょうかい 3　議題のかくにん 4　提案理由のかくにん 5　決まっていることのかくにん 6　話し合いのめあてのかくにん 7　話し合い 　話し合うこと① 「かるたに書く内容」 　(12分間) 　話し合うこと② 「友達のことをもっとよく知るための工夫」(15分間) 　話し合うこと③ 「必要な係」 　(8分間) 8　決まったことの発表 9　振り返り 10　先生の話 11　おわりの言葉	・大きな声ではっきりと言う。(司会) ・一人ずつ役わりと名前，めあてをはっきり紹介する。 ・大きな声ではっきりと言う。(司会) ・プレゼンテーションソフトを使い，電子黒板で分かりやすく示しながら説明する。(提案者) ・司会が言った後，全員で声に出して言う。 ・黒板に短ざくを整理してはっておき，「くらべ合う」から話し合うようにする。 ・出された意見に付け足しがあれば先にしてもらう。 ・てい案理由にそったかるたの内容はどれかを考えてもらう。 ・今までの学級集会活動を思い出しながら，どんな工夫ができるか，どんな係が必要かを考えてもらう。 ・工夫はいくつあってもよいが，自分たちにできるかどうかをみんなに考えてもらう。 ・分かりやすくまとめて発表する。(ノート記録) ・時間があったら2，3人に発表してもらう。 ・会に向けて元気よく言う。(司会)	・説明の紙 ・学級会ノート

話合いを進める際の留意点，予想される対立への対処方法，合意形成に向けた意見の整理の仕方等について，計画委員会で話し合い，記述しておきます。

低学年は活動計画とは別に，必要に応じて司会の進行台本を使用することもありますが，徐々にその場で考えて，計画委員で相談しながら進行できるようにします。

(3) 教師の指導計画

話合いの順序	指導上の留意点	◎目指す児童の姿（観点）【評価方法】
1　はじめの言葉 2　計画委員の紹介 3　議題の確認 4　提案理由の確認 5　決まっていることの確認 6　話合いのめあての確認	・自分のめあてが言えるように，事前に指導する。 ・提案者の思いや願い，学級全員の問題であることを確認する。 ・日時や場所については，あらかじめ教師の方で決めておく。	
7　話合い 話し合うこと① 「かるたに書く内容を何にするか」 話し合うこと② 「友達のことをもっと知るための工夫をどうするか」 話し合うこと③ 「どんな係が必要か」 8　決まったことの発表 9　振り返り 10　先生の話 11　おわりの言葉	・話し合うこと①は「くらべ合う」段階から進められるよう，事前に短冊を背面黒板等に掲示しておき，出されている意見を全員で共通理解できるようにしておく。 ・司会が進行に困ったときは，方向性を示唆する。児童の合意形成を方向付けるような助言はしない。 ・自治的活動の範囲を超えそうな場合は，必要に応じて助言する。 ・自分の意見に固執せず，納得した上で考えを変えるなど，折り合いを付けることも必要であることについて助言する。 ・よかった点や課題について自己評価し，友達のよかった点などについても相互評価できるように助言する。 ・終末の助言では，①合意形成したことへの価値付けや個人や集団への称賛，②今後の課題，③計画委員へのねぎらい，④今後の見通しや実践に向けての意欲付け等について簡潔に述べ，特に前回の話合いと比べての変容について称賛する。 ・時間があれば，提案者に今日の話合いの感想を述べる場を設ける。	◎仲が深まるかるた大会になるように，友達の意見を参考にしながら折衷案を考えて発言したり，みんなの共感を得られるような改善案を出したりしている。 （思考・判断・表現）【観察，学級会ノート】 ◎前回の話合いの経験を生かして，合意形成を図るための話合いの進め方や約束を理解している。 （知識・技能）【観察】

留意点のみを箇条書きし，簡略化することも考えられます。

話合いの流れを想定し，指導上の留意点や，話合いを深めるための助言等について記述します。

評価の観点を明確にするために，評価規準に則して，本時の展開における「目指す児童の姿」を具体的に示します。

折り合いを付けて合意形成できたことや，集団として前回の話合いより成長した点，合意形成に結び付く意見等について価値付け，実践に向けて意欲を高めます。

〈指導案の簡略化〉
指導案は簡略化して見開き構成（2ページ）にし，各項目を簡潔にまとめて記述することも考えられます。

6 事後の活動

日　時	児童の活動	・指導上の留意点	◎目指す児童の姿（観点）【評価方法】
○月○○日（○） 帰りの会	・決まったことを学級活動コーナーに掲示する。 ・役割分担が決まっていなければ，係の役割分担をする。	・学級会で決まったことの要点をまとめて書くよう計画委員に助言する。 ・係は必ず複数名で担当し，協力して活動できるよう，活動の状況を途中で報告し合いながら活動意欲の継続化を図る。 ・協力したり工夫したりしている児童を称賛する。 ・自分の態度を振り返るとともに，友達のよいところについても認められるように助言する。	◎合意形成したことをもとにみんなで協力し，進んでかるた大会の準備に取り組んでいる。 （主体的に取り組む態度）【観察】 ◎かるた大会の目的を考え，めあてを意識しながら友達と協力して実践している。 （思考・判断・表現）【観察，振り返りカード，感想文】
○月○○日（○）～○○日（○） 休み時間	・係ごとに準備をする。 ・それぞれが自分の分担のかるたを作る。 ・帰りの会などで，係ごとに適宜経過報告をする。		
○月○○日（○） ○校時	・「4年○組かるた大会」 ・かるた大会終了後，感想を記入する。		

友達と協力しながら，自分の役割に責任をもって取り組むことができるよう，児童の活動や教師の支援方法等について記述します。

活動を箇条書きで示すことも考えられます。

学級の歩みにかるた大会のことを掲示する際に，写真や児童の言葉なども一緒に貼るようにします。学級の歩みの係の児童に助言します。

学級活動(1) 学級や学校における生活づくりへの参画

学級生活を楽しく豊かにする係活動とは？

楽しく豊かな学級生活をつくるために，児童が活動内容を創意工夫できるようにします。当番以外の仕事で自分たちにできることを，みんなで話し合って決定し，役割分担することにより，児童の自発的，自治的な活動につながります。

係を設置する上での留意点として，次のような点が考えられます。
○児童が必要とする係である
○継続的に活動できる
○成果が学級に反映される
○複数で協力し合って活動できる
○創意工夫が生かせる
○提出物や忘れ物をチェックさせるなど，管理的な仕事の補助にならない
○児童の負担過重にならない

係の名前を工夫する場合，係のみんなで話し合い，活動内容が分かる名前にすることが大切です。

1 係の種類の決定

係活動は，学級生活の充実と向上のために，児童が創意工夫して取り組むものです。学級会で話し合い，自分たちの学級が楽しく豊かになるような係を決めます。設置する係の種類や人数は，学年や学級により異なりますが，児童が十分に創意工夫して計画し活動できるよう適切に指導することが大切です。

○中学年以降は，低学年までの係活動の経験を生かし，学級生活をより豊かにし，自分たちで実践できる活動を話し合い，必要に応じて係活動と当番活動の違いをしっかり指導します。これまで（前学年や前学期）に自分たちが経験した係を出し合うだけにならないようにし，電気係や窓係など，創意工夫できない係は，1年生の年度当初以外は当番活動として設定します。
○他の学年や学級に取材をしたり，情報を得たりすることも考えられます。
○休み時間に遊んだ経験や楽しかった事柄などをヒントにして活動を考えさせたり，教師がこれまでに担任した学級の係や自分の経験などを紹介したりして，活動の視野を広げることも考えられます。

〈係の種類（例）〉
○本係　　○新聞係　　○生き物係　　○レクリエーション係
○バースデー係　　○歌係　　○学級のあゆみ係　　など

係活動は児童の自発的，自治的な活動ですが，児童任せにするのではなく，教師の意図的な関わりが必要です。

2 所属する係の決定

児童の希望を尊重して，係の所属を決めるようにします。各係の仕事に応じておおよその人数を決めておくことも考えられます。児童が個性を生かしたり，学級の仲間のために活動したりすることが大切です。

● 学級会で話し合って設定した係は，必ず誰かが所属するようにします。希望者がいなかったり，少なかったりした係については，どうしたらよいかをみんなで話し合って，どの係も活動できるようにします。
● 同じ係への希望が多過ぎる場合は，係を2つに分けたり，児童が自主的に譲り合ったりすることができるようにします。

係によっては活動が停滞したり，意欲が低下したりすることも考えられます。教師の適切な声かけにより児童の活動意欲は高まります。
〈声かけのポイント〉

○係のめあてに照らして活動のよさを見付け，称賛する。
○他の係や熱心に活動している児童を紹介し，参考にできるようにする。
○活動過程や努力の様子を褒めるようにする。

3 係活動の活性化のポイント

(1) 活動時間の確保

係活動を行う時間は，学級活動の時間だけではありません。係ごとの話合いの時間や活動時間をできるだけ確保できるように工夫しましょう。

■ 活動時間の確保の工夫

○朝の活動の時間や帰りの時間を効果的に活用し，係からの連絡や発表を行うなどして，時間を確保する。
○昼休みを計画的に活用したり，活動計画を立てたりして，見通しをもって活動することができるようにする。
○係のメンバーで給食を一緒に食べる日を設定して，活動内容などについて相談できるようにする。

各係のよさやがんばりをメッセージカードに書いて交換し合ったり，帰りの会で発表し合ったりすることによって，活動への満足感を高めます。活動の仕方のよさにも目が向くように，教師が関わることも大切です。

(2) 係活動発表会の実施

　係活動の充実のため，学級会で「係活動発表会をしよう」や「係活動を充実しよう」などに取り組むことが大切です。

　係ごとに取組を紹介し合って活動を認め合ったり，発表内容を工夫したりすることで，互いの係のがんばりに気付いたり，他の係の活動のよさを取り入れたりする機会となります。そのことにより，さらに創意工夫して取り組み，学級生活をより豊かにしようという活動意欲の向上につながります。

■ 係活動発表会の工夫

○目指す学級生活の実現や学級生活の充実・向上に向けて，各係がこれまで取り組んできたことやこれからやってみたい活動などを発表し，それぞれの係の活動内容や取組のよさが伝わるようにする。
○「リクエストカード」や「アドバイスカード」等を配布しておき，互いの願いを伝え合ったり，アドバイスし合ったりして，学級のみんなの思いを生かして活動を工夫することができるようにする。

> 係活動を見直す前に実施すると，次の活動への意欲につながります。

(3) 係活動コーナーの活用

　各係の活動予定や係からのお知らせを掲示できる「係活動コーナー」を活用して，自主的に情報発信ができるようにします。

> ホワイトボードを活用すると，手軽にリアルタイムで情報発信することができるので，効果的です。

> 単なる「係ポスター」にならないようにし，「係活動カレンダー」を作成するなど「係活動コーナー」の掲示物を貼り替える時期や内容などを意識できるようにすることも活性化につながります。

> 「ありがとうカード」や「アドバイスカード」などを書いて入れられるポケットや「係活動ポスト」を作ることも考えられます。

4 活動の振り返り

　月ごとや学期ごとなどに，活動のめあてに合わせて活動を振り返るようにします。カードなどを活用し，振り返ったことを次の活動に生かすことができるようにします。

■ 振り返りのポイント

○活動のめあてを係のメンバーで共有して，活動できているか。
○係のメンバーみんなで話し合ったり，協力して活動したりしているか。
○活動計画に沿って取り組んでいるか。
○他の係の活動を参考にしたり，創意工夫したりして活動できているか。
○学級のみんなに活動をアピールしたり，定期的に発信したりしているか。

> 各係の活動をお互いに認め合う場をつくり，自己有用感を味わわせることが大切です。意見やアドバイスをその後の活動に生かせるようにします。

学級活動(1) 学級や学校における生活づくりへの参画

学級生活を楽しく豊かにする集会活動とは?

学級会で話し合った集会活動の計画に基づいて,みんなで役割を分担し,協力して実践します。振り返りまでの一連の学習過程を大切にして,より楽しく充実した活動になるようにします。

1 ねらいの明確化

学級活動として行う集会活動は,教師の適切な指導の下に児童が計画し,運営をしながら楽しい生活や仲間をつくる活動で,休み時間の遊びとは異なります。単に楽しいことをやればよいというのではなく,目指す学級像の具現化など,目的意識をもてるようにします。

- 何を目標として行うのか,準備から実行,振り返りまでの活動全体を見通して,「提案理由」や「めあて」を考えることができるようにする。
- 集会活動は,楽しく充実した学校生活につながるものであることを理解できるようにし,話合いや実践への期待感をもてるようにする。

発達の段階に即し,次のような指導が大切です。

＜低学年＞
楽しい集会活動を多く経験できるようにします。また,誰とでも仲よく集会活動を楽しむことができるようにします。

＜中学年＞
ねらいを明確にして,創意工夫を加え,より多様な集会活動に取り組めるようにします。

＜高学年＞
学級生活を楽しく豊かにするための活動に取り組めるようにします。また,話合い活動によって,互いのよさを生かしたり,振り返りを生かしたりして,信頼し支え合って,集会活動をつくることができるようにします。

2 活動の見通し

みんなでつくり上げる集会活動にするためには,計画・準備から振り返りまでの手順を明確にしておくようにします。次のような手順を事前に指導しておくことにより,児童の自発的,自治的な活動を促します。

(1) 話し合ったことを基に活動計画を立てる。
(2) 活動計画に沿って,活動に必要な係を設置する。
(3) 係の仕事を学級全員で分担する。
(4) 活動に必要な用具などを準備する。
(5) プログラムなどに沿って集会を行い,活動後は全員で後片付けを行う。
(6) 活動の振り返りを行う。

見通しをもてるようにするために次のような工夫が考えられます。
- グループごとに活動の予定表を作成し,一つ一つ確認しながら計画的に活動に取り組むようにします。
・誰がどんな仕事をするのか
・いつまでにどのような手順で仕事を進めていくのか
- 集会活動のグループが決まったら,係や役割ごとに仕事の確認をしたり,連絡を取り合ったりします。

3 全員で役割分担

児童全員に役割を与えて,誰もが何かで集会活動に貢献できるようにします。役割を受けもつことで,責任感や満足感が得られることにつながります。学級の全員で分担することで,より楽しく,より充実した活動に発展させることができるようにします。

- 多様な役割を用意したり,集会活動ごとにリーダーを代えて交替で行ったりして,できるだけ全員がリーダーを経験できるようにする。
- それぞれの活動を見守り,アドバイスをする。高学年であれば班ごとに仕事を分担したり,低学年であれば一人一役で受けもったりする。
- 別の係の人とも連携を図るなど協力して,もっと楽しくなる工夫を一緒に考える。

学級集会活動の様子

4 指導のポイント

　みんなで集会活動をつくり上げ，充実感や達成感を味わってこそ，学級集団への所属感や連帯感を高めることができます。そのためには誰もが役割を担い，一人一人が自分のよさを発揮したり，友達のよさを認め合ったりすることができるようにすることが大切です。

【1学期のポイント】
- 進級を学級全員でお祝いするような集会を計画する。
- 自己紹介をしたり，新しい友達と知り合ったりする場をつくる。
- 人間関係を広げていけるよう，グループづくりを工夫するなど多くの友達と関わる場をもつようにする。
- 係は協力して助け合って活動するようにする。
- 年間を見通して，継続できる活動を考えることもできる。

1学期は，新しい仲間との交流を深めるとともに，学級への所属感を高めていく内容を取り入れます。また，繰り返しできる集会活動を1学期に計画することで，年間を通して実践することができ，経験を生かしてよりよいものをつくろうとする力が育ちます。

【2学期のポイント】
- 集会の準備を大切にする。係は，特定の児童に偏ることなく，全員が経験できるようにする。
- 自分の得意なことが生かせる係を分担したり，友達と相談しながら協力して取り組んだりする。
- 集会の実践後，自分自身のがんばりや友達のよかったところを振り返る場をもつようにする。
- 自分や友達からの振り返りだけでなく，教師からの言葉掛けで実践意欲を高める。

2学期は，学級活動の充実を図る時期です。集会活動においても，自分のよさを発揮したり，友達のよさを認め合ったりする活動を取り入れます。

【3学期のポイント】
- 自分や学級の成長に気付くような発表会的な集会が考えられる。一人一人のがんばりが学級生活の充実・向上の役に立ったのかという視点で振り返ることも大切である。
- 達成感を味わったり，温かい人間関係を意識できたりするために，お互いに称賛し合ったり，感謝の気持ちを伝え合ったりする活動を取り入れることも効果的である。

3学期は，振り返りの時期です。集会活動においても，自分や友達，学級の成長を認め合う活動を展開していきます。また，まとめとして，活動計画づくりや仕事分担，準備や片付けなど，児童が今までの経験を生かし，自主的に実行する場を設定するようにします。

5 活動の振り返り

　計画，準備，話合い，実践（集会）などの一連の活動について振り返り，集会活動の充実につなげます。「集会活動のねらいを達成することができたか」「自分はどのように取り組んだか」などを振り返らせ，「この次も楽しい集会活動をしよう」という意識を高めたり，課題を明らかにすることで，「次はこの点をがんばろう」などのように次回への意欲を高めたりします。

　集会活動のプログラムの中に，振り返りとして感想発表を入れることも効果的です。

　集会活動を通して，次のような自主的，実践的な態度が育つようにします。

- 自分たちで見通しをもって計画を立て，仲間と協力して実践する。
- 学級の一員であることを意識して，学級のみんなのために責任をもって行動する。
- 全員が参加し，集会活動の内容を創意工夫する。

「事前の活動→話合いの活動→実践（集会）→振り返りの活動」の一連のサイクルを大切にして，次の活動に生かすようにします。そのためにも，集会活動の実践後，振り返りの場を設定し，自分自身のがんばりや友達のよかったところ，協力や創意工夫の大切さを発見できるようにします。

学級活動(1) 学級や学校における生活づくりへの参画

学級活動の年間指導計画を立てるには？

学級活動の目標に掲げた資質・能力の育成を目指し，全教職員が共通理解を図り，計画的に指導するために，学校として学年ごとに作成するのが学級活動の年間指導計画です。

年間指導計画を立てる

学校として第1学年から第6学年までを見通した各学年の年間指導計画を作成します。学校としての年間指導計画や学級ごとの年間指導計画に示す内容には，例えば，次のものが考えられます。

- ○学校や学年，学級の指導目標　○育成を目指す資質・能力　○指導内容(予想される議題例，題材)と時期
- ○他教科等との関連　○評価の観点

■年間指導計画の例(第4学年)

〈指導目標〉
　理由を明確にして考えを伝えたり，自分と異なる意見も受け入れたりしながら，集団としての目標や活動内容について合意形成を図り，実践できるようにする。自分のよさや役割を自覚し，よく考えて行動するなど節度ある生活を送ることができるようにする。

〈育成を目指す資質・能力〉
- ○学級における集団活動に進んで参画することや意識的に健康で安全な生活を送ろうとすることの意義について理解するとともに，そのために必要となることを理解し身に付けるようにする。
- ○学級や自己の生活，人間関係をよりよくするための課題を見いだし，解決するために話し合い，合意形成を図ったり，意思決定したりすることができるようにする。
- ○学級における集団活動を通して身に付けたことを生かして，人間関係をよりよく形成し，他者と協働して集団や自己の課題を解決するとともに，将来の生き方を描き，その実現に向けて，日常生活の向上を図ろうとする態度を養う。

> 発達の段階別に，学期ごとに予想される議題例を示します。

> 学級活動(1)(2)(3)のめやすとなる時数を記述します。

> 特別活動の他の内容との関連を図ったり他教科等との関連を図ったりすることが大切です。

学級活動の内容	(1) 学級や学校における生活づくりへの参画 【24時間】		(2) 日常の生活や学習への適応と自己の成長及び健康安全 (3) 一人一人のキャリア形成と自己実現 【(2)・(3)は合わせて11時間】		児童会活動・学校行事等の予定
	予想される議題例	指導上の留意点	題材	指導上のねらい・留意点	
		〈話合い活動の指導〉			
4	〈1学期の議題例〉 ・「どうぞよろしくの会」をしよう ・係を決めよう ・学級の歌を決めよう ・学級活動コーナーを工夫しよう	計画　オリエンテーションを実施し，学級会の意義や進め方，計画委員会の役割等について理解できるよう丁寧に指導する。 ・適切な議題を自分たちで選び，提案できるよう視点を示す。 ・計画委員が自主的に準備できるよう活動計画作成の手順を具体的に示す。	○4年生になって (2)イ (3)ア	○4年生の学習や生活を知り，不安や悩みを解消し，よりよい人間関係づくりができるようにする。 ・4年生の学習内容や行事等を示し，具体的なめあてが立てられるようにする。	・入学式 ・始業式 ・離任式 ・1年生を迎える会 ・避難訓練 ・交通安全教室 ・運動会 ・プール清掃 ・全校遠足 ・地域清掃 ・終業式
5	・学級のボールの使い方のきまりを決めよう ・雨の日の過ごし方を考えよう ・学級文庫の使い方を決めよう		○安全な自転車の乗り方 (2)ウ	○安全な自転車の乗り方を実践しようとする態度を育てる。 ・安全な乗り方が具体的に理解できるよう安全教室の内容を踏まえる。	
6	・願いごと集会をしよう ・1学期をふりかえる会をしよう　　等		○歯みがきの大切さ (2)ウ ※養護教諭とのTT	○歯の健康を守ろうとする態度を育てる。 ・正しいみがき方が理解できるよう実際の歯みがきを取り入れる。	

> 指導内容の関連や統合を図ることも考えられます。

7		話合い	・教科等の発表と同様に理由を明確にして，自分の考えが発表できるよう日々の学習から繰り返し指導する。 ・友達の異なる意見も受け入れて，楽しい学級生活をつくるために合意形成ができるようにする。 ・実態に応じて，教師は積極的に助言を行い，時間内に決定できるようにする。	○よりよい夏休みの過ごし方 (2)ア (3)ア	○目標をもって夏休みを計画的に過ごすことができるようにする。 ・学習や家庭での役割等に進んで取り組めるよう家庭との連携を図る。	
9	〈2学期の議題例〉 ・係活動発表会をしよう ・夏休み発表会をしよう			○気持ちのよい挨拶 (2)ア，イ	○進んで挨拶をしようとする態度を育てる。 ・気持ちのよい挨拶について理解できるようロールプレイを取り入れる。	・始業式 ・避難訓練 ・学習発表会 ・飼育栽培活動 ・高齢者施設訪問 ・なかよし集会 ・演劇鑑賞会 ・終業式
10	・読書集会をしよう ・室内オリンピックをしよう ・学級紹介ポスターコンクールをしよう			○友達と仲よく (2)イ	○互いのよさを知り，協力して生活しようとする態度を育てる。 ・友情の大切さを実感できるよう日常の場面を想起させる。	
11	・みんなのコーナーの使い方を考えよう	実践	・決定したことを学級全員が理解し，協働して実践できるようにする。	○進んで働くこと (3)イ	○学校生活における自分の役割を自覚し，進んで取り組もうとする態度を育てる。 ・家庭での役割について励ましの言葉を書いてもらう等，家庭との連携を図る。	
12	・特技発表会をしよう ・2学期まとめの会をしよう 等	〈係活動への指導〉 組織	・学級生活が充実・向上する係が組織できるよう，当番との違いを丁寧に指導する。	○自主学習の進め方 (3)ウ ※司書教諭とのTT	○自主的に図書室を利用したり，学習に取り組もうとしたりする意欲を育てる。 ・意欲を継続させるため1週間程度，励ましの言葉を書いてもらうなど，家庭に協力を依頼する。	
1	〈3学期の議題例〉 ・豆まき集会をしよう ・思い出カルタをつくろう	計画	・創意工夫を生かした活動計画が立てられるよう，具体例を示す。	○感染症の予防 (2)ウ ※養護教諭とのTT	○健康への関心をもち，進んで予防しようとする態度を育てる。 ・具体的な予防方法が考えられるよう経験をもとにした話合いを取り入れる。	・始業式 ・地域交流活動 ・避難訓練 ・通学班編成 ・大掃除 ・6年生を送る会 ・卒業式 ・修了式
2	・卒業を祝う会の出し物を決めよう ・縄跳び集会をしよう ・二分の一成人式をしよう	実践	・全員で協働して取り組めるよう，活動する機会を定期的に設ける。 ・係同士が連携したり，要望や願いが出し合えたりするよう，相互交流の場を工夫する。	○バランスのよい食事 (2)エ ※栄養教諭とのTT	○偏食をなくし，バランスよく食べようとする態度を育てる。 ・具体的なめあてが立てられるよう給食の場面を想起させる。	
3	・クラス文集をつくろう ・4年生がんばったね集会をしよう 等			○もうすぐ高学年 (3)ア	○高学年に向けてめあてや希望をもって生活しようとする態度を育てる。 ・今後の生活に向けた具体的なめあてが立てられるよう高学年の生活を詳しく紹介する。	

※ 学級活動(1)(2)(3)のすべての内容が必ず取り扱われるようにする。

● 指導計画作成に当たっての留意事項

　学級活動には多様な内容が含まれており，年度当初から詳細な計画を立てて指導することが容易な内容もあれば，年度の途中で新たに発生する問題もあります。そのような場合には，年間指導計画の一部を変更して指導を行う必要があります。しかし，学級活動に充て得る時間にも限りがあることから，年度の途中で偶発的に発生する問題の全てを学級活動として取り上げるのではなく，例えば朝の会や帰りの会の時間などを活用して臨時指導するなどの配慮をすることが大切です。

　低学年では，学級活動(2)の内容が多くなることが考えられますが，学年が上がるにつれて，学級活動(1)の時間を十分確保できるように時数の配分について配慮をすることが大切です。

学級活動(1)　学級や学校における生活づくりへの参画

指導を振り返ってみましょう

事前から事後の実践までの一連の活動について教師が指導を振り返り，次の活動や指導に生かすようにします。

事前から事後までの指導等を確認し，指導方法の工夫・改善や指導計画の見直しに生かしましょう。

教師の振り返りの例

	項　目	チェック欄
事前の活動	学級活動コーナーを作って，学級会の「議題」や「話し合うこと」などを掲示し，すぐに使えるようにしている。	
	計画委員会（司会グループ）を輪番制にしている。	
	学級会の前に計画委員会を開いて，適切に議題選定等ができるよう指導している。	
	司会進行マニュアルを作り，計画委員会で話合いの流れを検討したり，必要に応じて練習したりする時間を確保している。	
	「話し合うこと」は1単位時間かけて話し合う価値のあるものを設定している。	
	議題箱や提案カードを置いて，児童がすぐに提案できるようにしている。	
	学級会の前に，児童が学級会ノートを記入するようにしている。	
	提案理由等に沿って自分の考えが書けているか確認し，必要に応じて個別に指導している。	
本時の活動	「決まっていること」を確認してから，話合いを始めている。	
	司会の児童への助言は，学級全体に向けた助言となるようにしている。	
	話合いが混乱したときや人権を侵害するような発言があったときは，すぐに指導している。	
	友達の意見をしっかり聞いたり，つなげて発言したりするように指導している。	
	話型を掲示するなど，理由を明確にして自分の意見を発表できるように指導している。	
	「出し合う」「くらべ合う」「まとめる（決める）」話合いの流れを明確にして指導している。	
	少数の意見も大切にしながら，学級全体の合意形成を図るように助言している。	
	終末の「先生の話」で，例えば三つの点（前回の学級会と比べてよかったこと，次回の学級会に向けての課題，司会グループへのねぎらい）について話し，実践への意欲を高めている。	
事後の活動	学級会コーナーに「学級会で話し合って決まったこと」を掲示している。	
	合意形成したことをもとに，役割を分担し，全員で協力して，実践できるように指導している。	
	帰りの会などで，実践までの係ごとの準備の進捗状況を確認している。	
	実践を振り返り，互いのよさに気付いたり，次の活動に生かしたりすることができるようにしている。	

学級活動(2)

日常の生活や学習への適応と自己の成長及び健康安全

- 学級活動(2)の内容と育成する資質・能力は？ ……………………… 72
- 問題意識を高める事前指導とは？ ……………………… 73
- 意思決定に向けた本時の学習過程は？ ……………………… 74
- 事後指導で目標実現への意欲を高めるためには？ ……………… 76
- 学級活動(2)の題材と指導展開例は？ ……………………… 77
- 学級活動(2)の指導案の作成の仕方は？ ……………………… 78
- ◆指導を振り返ってみましょう ……………………… 82

学級活動(2) 日常の生活や学習への適応と自己の成長及び健康安全

学級活動(2)の内容と育成する資質・能力は?

学級活動(2)の授業では,現在の自分の課題を見つめ,自己の成長のために,自分に合った具体的な解決方法や目標を意思決定し,自発的,主体的に実行することができるように自己指導能力を育てます。

自己指導能力とは,「自己をありのままに認め(自己受容),自己に対する洞察を深めること(自己理解),これらを基盤に自らの追求しつつある目標を確立し,また明確化していくこと,そしてこの目標の達成のため,自発的,主体的に自らの行動を決断し,実行する能力」です。
(文部省「生徒指導資料第20集」(昭和63年3月)

意思決定と実践との積み重ねにより育成される能力です。

学級活動(2)は自ら進んで学び,自分の生活上の課題を見いだし,よりよく解決するための活動です。自己の生活をよりよくしていくための資質・能力を育成します。

〈学級活動(2)の指導の流れとポイント〉
(1) 現在の生活上の課題把握
　→児童の実態を十分に把握する。
(2) 課題の確認と解決の見通し
　→指導内容,方法等を明確にする。
(3) 板書計画の作成
　→「つかむ」「さぐる」「見つける」「決める」段階に整理する。
(4) アンケート結果等の集約
　→効果的な資料を活用する。
(5) 具体的な実践方法等の明確化
　→個に応じた意思決定を行う。
(6) 事後指導の充実
　→実践場面を想定する。

1 学級活動(2)の内容

学級活動(2)「日常の生活や学習への適応と自己の成長及び健康安全」は,一人一人が,個々に応じて目標を決め,その実現に向けて取り組む活動です。具体的には,次の四つの内容が学習指導要領に示されています。

■ 学級活動(2) 日常の生活や学習への適応と自己の成長及び健康安全
ア 基本的な生活習慣の形成
　身の回りの整理や挨拶などの基本的な生活習慣を身に付け,節度ある生活にすること。
イ よりよい人間関係の形成
　学級や学校の生活において互いのよさを見付け,違いを尊重し合い,仲よくしたり信頼し合ったりして生活すること。
ウ 心身ともに健康で安全な生活態度の形成
　現在及び生涯にわたって心身の健康を保持増進することや,事件や事故,災害等から身を守り安全に行動すること。
エ 食育の観点を踏まえた学校給食と望ましい食習慣の形成
　給食の時間を中心としながら,健康によい食事のとり方など,望ましい食習慣の形成を図るとともに,食事を通して人間関係をよりよくすること。

2 学級活動(2)で育成する資質・能力の例

○日常の生活や学習への適応と自己の成長及び健康安全といった,自己の生活上の課題の改善に向けて取り組むことの意義を理解するとともに,そのために必要な知識や行動の仕方を身に付けるようにする。
○自己の生活上の課題に気付き,多様な意見を基に,自ら解決方法を意思決定することができるようにする。
○自己の生活をよりよくするために,他者と協働して自己の生活上の課題の解決に向けて粘り強く取り組んだり,他者を尊重してよりよい人間関係を形成しようとしたりする態度を養う。

3 発達の段階に即した指導の重点

低学年	入学時には,幼児期の教育との接続に配慮して,重点化を図って指導する。基本的な生活習慣が定着するよう,適切な題材を設定するとともに,計画的に指導する。また,個に応じて繰り返し指導したり,家庭と連携して指導したりする。
中学年	協力して楽しい学級生活が築けるようにすることを重視して指導する。問題を自分のものとして真剣に考えることができるようにし,具体的な解決方法や目標を決めて,一定の期間継続して互いに努力できるようにする。
高学年	人間関係や健康安全,食育などに関する悩みの解消などを重視して指導する。特に,自己に合った実現可能な解決方法を決め,目標をもって粘り強く努力できるようにする。第6学年では最高学年としての自覚をもつことができるようにするとともに,中学校教育との接続に配慮して指導する。

学級活動(2) 日常の生活や学習への適応と自己の成長及び健康安全

問題意識を高める事前指導とは？

事前に、題材を提示したりアンケートを実施したりして児童が自己の現状を把握したり、解決すべき共通の課題を理解したりします。また、児童の実態に即した指導にするために、事前に教師が指導の構想をもつようにします。

1 事前の題材提示

朝の会や帰りの会などで、事前に題材を提示することで問題意識が高められます。児童が事前にその事柄に目を向けることによって学習への関心を高めて、本時に臨むことができるようにします。

年間指導計画で予定されている題材について、学級の個々の児童が共通に解決すべき課題（めあて）を取り上げます。

2 事前調査

児童自らが「他の人は、どう思っているのか。どうしているのか」という疑問がもてるようにします。児童が調査結果をまとめることで、自己の課題として捉えることができるなど問題意識の高まりが期待できます。

次は、「SNSの正しい使い方」について問題意識を高めようと、アンケートを活用した例です。

◆アンケートの活用　学級活動(2) 6年「SNSの正しい使い方」（例）

```
1  あなたはSNSを利用していますか。
     毎日している － ほぼ毎日している － あまり利用しない － 全く利用しない
2  どんな時にSNSを利用しますか。
   ┌─────────────────────────────────┐
   │ 自由記述                                                                                                    │
   └─────────────────────────────────┘
3  SNSは便利だと思いますか。
     とても思う －  少し思う － あまり思わない － 全く思わない
   ┌─────────────────────────────────┐
   │ なぜそう思いますか。                                                                                   │
   └─────────────────────────────────┘
4  SNSを利用してトラブルになったことはありますか。
     よくある － ときどきある － あまりない － 全くない
   ┌─────────────────────────────────┐
   │ ある、ときどきあると答えた人は、具体的にどんなトラブルか教えてください。│
   └─────────────────────────────────┘
```

〈SNSとは〉
ソーシャルネットワークサービスの略。個人間のコミュニケーションを促進し、社会的なネットワークの構築を支援する、インターネットを利用したサービスのこと。

アンケートのほかにインタビューや映像、写真、音声の記録等を活用することも有効です。また、本やインターネットから得た情報を活用することで、問題意識を高める方法も考えられます。

実態調査の結果を集約したり、グラフや表にまとめたりします。高学年では、児童が教師と共にその作業をすることにより、児童の主体的な活動を生かすことになり、問題意識を高めることにつながります。

3 題材についての共通理解を図る工夫

事前指導の中で、題材について共通理解を図ることが重要な場合もあります。例えば、児童によってSNSの使い方で経験の差が見られる場合、カード等を操作し個人の考えをつくる材料にしたり、グループで話し合って問題の把握を促したりします。本時の導入とうまく接続させ、問題解決への意欲を高めることが主なねらいです。

◆カードを使ったSNSの利便性の確認（例）

```
1  SNSのよさを表したカードを人数分準備する。
2  SNS等を利用するに当たって、便利だと思う順に各自がカードを並べる。
3  ペア、またはグループでカードの順番を説明し合い、個々の感じ方の
   相違点を交流する。
```

◎グループごとの話合いで使用するカードの例

| ①すぐに連絡を取ることができる。 |
| ②相手の状況を気にせずできる。 |
| ③遠方にも手軽に連絡できる。 |
| ④スタンプでやりとりができる。 |
| ⑤写真や動画を送ることができる。 |

SNSは便利だけど、そう思う理由は、人それぞれだな。

学級活動(2) 日常の生活や学習への適応と自己の成長及び健康安全

意思決定に向けた本時の学習過程は?

児童一人一人が自己の問題の解決方法等について意思決定し，強い意志をもって粘り強く実践する場を大切にします。その際，四つの段階の児童の思考過程を重視します。

つかむ → **さぐる**

| 実態や現状の把握 | 必要性の実感（原因の追求） |

適応や健康安全に関わる題材について，題材や本時の課題をつかみます。

問題の原因や解決する必要性などについてさぐります。

○ アンケート結果等からの課題把握
事前に学級全員にアンケートをとり，その結果をグラフでまとめたり，表に整理したりして示し，学級や自己の実態を把握できるようにします。

- アンケートのほかに，児童の日記や作文を活用したり，ニュース等の映像を有効活用したりすることも考えられる。
- SNSの利便性と危険性を比較し，どのように使っていけばよいのか見通しをもたせる。
- SNSをコミュニケーションツールとして上手に活用しようとする意欲がもてるようにする。

○ 動作化
学習内容に応じて，実際に活動してみたり試したりすることで，解決の糸口を見付けることも考えられます。

○ 原因の分類整理
付せんを活用して原因を分類整理しながら小グループ等で話し合う活動も考えられます。問題が発生した原因について，グループなどで共通理解を図ることができるようにします。

> 原因を明らかにして，よりよい解決方法を見付けるようにします。そのために，書いたり話し合ったりする活動を位置付けます。

学習課題を児童の言葉に置き換えて，本時のめあてとして示すと分かりやすくなります。

4/30 SNSの正しい使い方　めあて　SNSを使うときに大切なことを考え

つかむ

SNSは便利だと思いますか。
- はい 100%
- すぐに連らくが取れる。
- 遠くの人に連らくできる。

SNSでトラブルになったことがありますか。
- はい 90%
- いいえ 10%
- ケンカにまきこまれた。
- 文字だけで伝わらない。
- 悪口がイヤ。

SNSは便利だが友達関係のトラブルにつながる。

さぐる トラブルの原因は?

送る側	受け取る側
・意味の伝わりにくい文章だった。 ・思いちがいだと分かっても気持ちを伝えていない。	・文字だけで判断した。 ・送った側の本当の気持ちを確かめなかった。

感じ方，考え方のちがいがある

見つける 解決策は?

送る前に文章を確にん。	文字だけで決めつけない。
思いちがいは直接話して確にん。	すぐに決めつけず，本当の気持ちを確かめる。
直接会って伝える。	

● 題材（例）　第6学年「SNSの正しい使い方」（イ　よりよい人間関係の形成）

解決方法等の話合い

みんなでよりよい解決方法や努力事項などについて出し合って見つけます。

○　話合い活動

　個々の児童の生活経験や発想の違いを生かしながら解決方法を見付けられるようにします。話し合う際のグループを意図的に編成するなどして，多様な視点で考えられるようにします。

○　教師の情報提供

　児童が主体的に問題解決の方法や対処の仕方を考えられるよう，必要な情報を教師から提供します。

> 取り上げる内容によっては，養護教諭や栄養教諭，学校栄養職員，司書教諭等の専門性を生かしたティームティーチングの活用も有効です。

個人目標の意思決定

自己の課題を解決するために努力すべき具体的な個人目標（内容や方法など）を決め，実行への強い決意をもちます。

○　具体的な意思決定

〈意思決定の例〉
- SNSを使うときは，「相手はどう思うかな」と，相手の立場になって考え読み返してから送るようにする。
- 「いやだ」と思ったことはちゃんと相手に伝える。「どうしてかな」「おかしいな」と感じたときは，直接確かめる。
- 日ごろの友達に対する言動について考え，日常の人間関係を見直すきっかけとする。
- SNSだけでなく，日ごろの友達との会話や意思疎通も大切にして過ごす。

○　意思決定の再確認

　自分に合わない目標や実現性の低い目標を決めている児童には，「見つける」段階でみんなで出し合った考えを参考に，自分にできそうなことを選ぶよう助言します。場合によっては，「さぐる」段階まで戻って，原因の再確認を行うことも考えられます。

　具体的には，「こうしなさい」と指示するのではなく，「あなたはどうしようと思いますか」など児童に寄り添いながら問い掛けるような指導を行います。

自分が気を付けることを決めよう

決める

- SNSを使うとき，相手がどう思うかを考えて，何度か読み返して，送るようにする。
- SNSを使っていて「どうしてかな」「おかしいな」と思ったら，直接相手に確かめる。
- 日ごろの言葉づかいや友達との接し方も見直す。

> 児童が意思決定したことをパネルに書かせて，掲示することも考えられる。

75

学級活動(2) 日常の生活や学習への適応と自己の成長及び健康安全

事後指導で目標実現への意欲を高めるためには?

児童が「自分もやればできる」「がんばってよかった」などの自己効力感や自己肯定感をもてるようにすることが何よりも重要です。そのために児童が目標実現に取り組む姿を認め,励まし,成果を上げることができるように指導します。

1 児童自身による振り返り

1 自己評価カードの活用

「自己評価カード」は,各自が,個人目標を常に意識して行動し,振り返るためのものです。日々,努力する様子が分かるように活用の仕方を考え,実践意欲の継続化を図るようにします。

自己の生活を振り返って課題に気付き,学級での話合いを通して友達の意見などを参考にしながら,自分に合った具体的な実践方法等を意思決定できるよう指導します。

SNSを利用しない児童については,日ごろの言葉づかいや手紙などを送る際に,よりよい人間関係を築くことができる具体的な実践方法を意思決定できるようにします。

がんばることを決めるだけで終わらずに,その後の行動を振り返り,努力や成果の足跡を残します。

```
自己評価カード(例)
　　　　　　　　　学級活動(2)「SNSの正しい使い方」
□わたしが決めた目標
　(いつ,どのような場面で)‥SNSを使って文字や写真を送るときは,
　　　　　　　　　　　　　送る前に,相手がどう思うかを必ず考えて,
　(どのように)‥‥‥‥‥‥‥3回以上読み返して送るようにする。

○行動をふり返ろう
　◎…内側,外側の星をぬる。　○…内側だけ星をぬる。　△…色はぬらない。
★自分の立てためあてをどれくらい達成できましたか。色をぬりましょう。
```

9月○日(月)	9月○日(火)	9月○日(水)	9月○日(木)	9月○日(金)	9月○日(土)	9月○日(日)
★	★	☆	★	☆	☆	★

□行動を振り返って,できるようになったことや,これからも続けていきたいことを書こう。
　友達や家族にメッセージを送るときは,必ず読み返して,相手の気持ちを考えて送ることができるようになりました。ネット上のやり取りは,顔や表情が見えないので本当に注意が必要だと思います。SNSは便利だけど,き険な一面もあるので,上手に利用できるようになりたいです。

□先生から
　トラブルがなくなるよう,自分で決めたことをやりとげようと前向きに取り組む○○さんの行動はとてもすばらしいです。これからもSNSのプラス面とマイナス面を考えながら,上手に活用していきましょう。

□保護者等からのコメント
　友達の気持ちを考えながら,気を付けて使うことができましたね。これからも続けるようにしましょう。

指導者は,できたか,できなかったかの結果だけでなく,積極的に取り組もうとする態度や,進歩の状況などを適切に評価します。

2 児童が互いに認め合う場

個々の努力を互いに認め合い励まし合う場を設定するなどして,みんなで振り返るようにします。例えば,一定期間取り組んだら,帰りの会などで振り返りの場を設定することが考えられます。このことは,実践の継続化や日常化,共感的な人間関係づくりにつながります。また,成果が実感できない児童が個人目標を修正したり,実践への意欲を高めたりするきっかけにもなります。

2 次の課題解決へ

児童が目標の達成に向けて自ら努力する過程を大切にし,できたことやできなかったことを振り返り,次の取組へ意欲を継続させることが重要です。例えば,事前の活動で準備したアンケートや資料,本時や事後の活動,実践場面で活用する「自己評価カード」等をファイルに綴じ,自己の成長を振り返ることができる材料として,身近に保管するようにします。また,学年だよりや学級だより等を通して,児童の努力の様子を家庭に伝えます。

76

学級活動(2) 日常の生活や学習への適応と自己の成長及び健康安全

学級活動(2)の題材と指導展開例は?

学級活動(2)では,児童が社会生活を営む上で必要な考え方や行動の仕方を身に付けるための題材を扱います。関係する教科等の学習や,個別の生徒指導との関連を図りながら,教師が意図的,計画的に指導する内容です。

❶ 題材と展開の例

ア 基本的な生活習慣の形成

題材「気持ちのよいあいさつ」【低学年の例】

つかむ	さぐる	見つける	決める
日常の生活の中にどのような挨拶があるのかを調査し,挨拶をしたときやされたときの気持ちを考える。	挨拶が不十分な場合の原因について話し合い,内容を整理する。	どんなことに気を付けると自分から元気に挨拶をすることができるようになるか話し合う。	気持ちのよい挨拶ができるよう,自分の課題に沿った目標を決める。

イ よりよい人間関係の形成

題材「ふわふわ言葉とちくちく言葉」【低学年の例】

つかむ	さぐる	見つける	決める
「言われてうれしかった言葉」などについてのアンケート結果をグラフにまとめたり,表に整理したりして示し,気付いたことを話し合う。	友達に対して嫌な言葉を言ってしまう原因について話し合い,整理する。	自分が言われてうれしい言葉や,これから仲よくなりたい友達に掛けたい言葉について話し合う。	言われてうれしい言葉を増やし,友達と仲よくするために,何をどのようにがんばるのか考え,努力することを決める。

ウ 心身ともに健康で安全な生活態度の形成

題材「地震に備えて」【中学年の例】 ※避難訓練や引き渡し訓練の事前指導として

つかむ	さぐる	見つける	決める
地震が起こったときや,起こる前にどんな行動をとることが大切か,自分たちにどのようなことができるかを考える。	自分の身は自分で守ることを前提に,校内や校区内の危険個所について考える。	防災の視点から,危険を予測し,事前に備えるなど,日常生活を安全に保つ方法について話し合う。	地震が発生したときにどのような行動をとり,危険を回避するのかを決める。「放送をしっかり聞く」など,日ごろからの学校生活の改善にもつながるようにする。

エ 食育の観点を踏まえた学校給食と望ましい食習慣の形成

題材「バランスのよい食事」【高学年の例】

つかむ	さぐる	見つける	決める
好きな食べ物や苦手な食べ物のアンケートの結果のグラフを基に話し合い,食事における課題をつかむ。	原因を整理し,解決に向けての方向性をはっきりとさせ,改善の必要性を実感できるようにする。	バランスよく食べるための工夫について話し合い,解決方法について,個々の考えを広げたり深めたりする。	話し合ったことやみんなの意見を参考に,バランスのよい食事にするための具体的な解決方法を意思決定する。

❷ その他の題材例

	ア 基本的な生活習慣の形成	イ よりよい人間関係の形成	ウ 心身ともに健康で安全な生活態度の形成	エ 食育の観点を踏まえた学校給食と望ましい食習慣の形成
低	・げん気のよいへんじ ・じぶんのもちもの	・よいところみつけ ・みんななかよし	・じぶんをまもるあいことば ・ひなんするときのやくそく	・たのしいきゅう食 ・えいようとげん気なからだ
中	・気持ちのよいあいさつ ・なくそうわすれ物	・きょう力するってどういうこと ・なかよしになるまほうの言葉	・安全な登下校 ・地しんにそなえて	・おいしいきゅう食 ・バランスのよい食事
高	・気持ちのこもったあいさつ ・整理整とんマスター	・学校のリーダーとして ・男女仲よく	・健康な生活 ・地しんや火災	・パワーいっぱい朝ご飯 ・食事と健康

❸ 教科等との関連の例

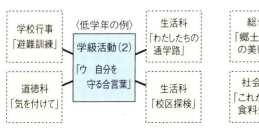

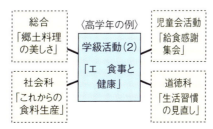

学級活動(2)は,教科等との関連を明確にしながら効果的に指導をする必要があります。

その際,相互の指導内容を重点化したり,育成したい資質・能力の共通点を焦点化したりしながら学習活動を組み立てることが重要です。

学級活動(2)　日常の生活や学習への適応と自己の成長及び健康安全

学級活動(2)の指導案の作成の仕方は？

学級活動(2)の指導案は，集団での話合いを通して，児童一人一人が，自らの実践目標を決め，その実現に向けて取り組んでいくことを意識して作成します。

1 学級活動(2)の特質と指導案の内容

学級活動(2)の指導案は，活動内容の「(2)日常の生活や学習への適応と自己の成長及び健康安全」の特質を踏まえて作成する必要があります。例えば，「児童に共通した問題であるが，一人一人の理解や自覚を深め，意思決定とそれに基づく実践を行うものであり，個々に応じて行われる」（『小学校学習指導要領解説　特別活動編』）という特質があります。指導案では，題材に関わる児童の実態を明らかにし，教師の指導観などについてまとめ，児童が自己の課題として真剣に捉え，具体的な実践目標や方法などを意思決定できるように展開を工夫します。

学級活動(2)の指導案に示す内容としては，学習過程に照らし，
(1)　問題の発見・確認
　○題材，児童の実態と題材設定の理由，育成を目指す資質・能力，事前指導
(2)　解決方法等の話合い，解決方法の決定
　○本時のねらい，指導過程，使用する教材・資料
(3)　決めたことの実践，振り返り
　○事後指導，評価の観点
などが考えられます。

必要に応じて，各教科等との関連を図った計画的な指導や，学年段階及び発達の段階に即した系統的な指導に関わる配慮事項についても記述します。

ティーム・ティーチング(TT)の場合には，指導する上でのそれぞれの役割を明確にするために，指導案の中でもT1，T2の役割を明確に示すようにします。特にT2の役割や指導内容について事前にしっかりと打合せを行い，学年段階や発達の段階に即して指導内容の重点化を図り，指導の効果が十分高められるようにします。
また，指導の効果を上げるために，内容に応じて次のような人材の活用を考えて，指導計画を作成するようにします。
・養護教諭　・栄養教諭　・学校栄養職員　・司書教諭　・学校図書館司書　など

2 学級活動(2)指導案例① ― ティームティーチングの工夫

第3学年○組　学級活動(2)指導案

1 題材　「バランスのよい食事」
　　学級活動(2)　エ　食育の観点を踏まえた学校給食と望ましい食習慣の形成

2 題材について

(1)　児童の実態

　元気で明るい学級である。給食の時間には友達と会話を楽しみながら和やかな様子が見られる。好きな給食のメニューが学級新聞の記事として取り上げられるなど，給食の時間を楽しみにしている児童が多い。しかし，献立によっては食べ残しが目立ち，給食についてのアンケートでも，好き嫌いが「とてもある」「ある」と回答した児童が多かった。

(2)　題材設定の理由

　今回，栄養のバランスについて考えることで，偏食は健康を損なうということに気付き，今までの食の傾向について見直し，健康な体をつくるためにはどのように食習慣を改善すればよいのかを考える機会としたい。
　学校栄養職員と連携を図り，給食の献立は栄養のバランスを考えてつくられているということや，野菜の栄養と体の健康の関係について説明することにより，苦手な食べ物があっても少しずつでも食べようとする意欲を高め，実践化を図れるようにしたい。

年間指導計画を基に，題材を設定します。その題材がどの内容なのかを明記します。
◎内容
ア　基本的な生活習慣の形成
イ　よりよい人間関係の形成
ウ　心身ともに健康で安全な生活態度の形成
エ　食育の観点を踏まえた学校給食と望ましい食習慣の形成

78

3 第3学年及び第4学年の評価規準

観点	よりよい生活や人間関係を築くための知識・技能	集団の一員としての話合い活動や実践活動を通した思考・判断・表現	主体的に生活や人間関係をよりよくしようとする態度
評価規準	日常の生活や学習への適応と自己の成長及び健康安全といった,自己の生活上の課題の改善に向けて取り組むことの意義を理解するとともに,そのために必要な知識や行動の仕方を身に付けている。	自己の生活上の課題に気付き,多様な意見を基に,自らの解決方法を意思決定し,実践している。	自己の生活をよりよくするために,他者と協働して自己の生活上の課題の解決に向けて粘り強く取り組んだり,他者を尊重してよりよい人間関係を形成しようとしたりしている。

「育成を目指す資質・能力」として,1時間ごとに評価規準を作成するのではなく,学校で定めた低・中・高学年の評価規準を記述します。

4 事前の指導

児童の活動	指導上の留意点	目指す児童の姿と評価方法
アンケートに記入する。	給食のよいところや,給食の食べ方をもっとよくしたいところについて考えるように知らせる。	アンケートを記入し,これまでの給食の食べ方などについて考えることができている。 (思考・判断・表現) 【アンケート】
アンケート結果を表にまとめる。	アンケート結果を分かりやすくまとめ,学級としての実態をつかむようにする。	

評価規準に即して,一連の展開における「目指す児童の姿」を具体的に示します。

児童が活動を行う上で,教師が何をどのように工夫したり,配慮したりするかなどを記述します。

自分で決めた具体的な方法と内容が書けるようにします。

事前アンケート

「きゅう食アンケート」

3年　組　名前（　　　　　）

(1) あなたはきゅう食がすきですか。
　　(はい)　いいえ
(2) あなたのすきなこんだてと,すきな理ゆうを書きましょう。
　　(　とりのからあげ　おいしいから　)
(3) にが手なこんだてがありますか。
　　(はい)　いいえ
・(3)で「はい」と答えた人は,にが手なこんだてと理ゆうを書きましょう。
　　(　キュウリとワカメのサラダ　すっぱくてまずい　)
・(3)で「はい」と答えた人は,にが手なこん立が出たときどうしていますか。当てはまるものに○をつけましょう。
　・がまんしてぜんぶ食べる。
　・りょうをへらして食べる。
　・(○)一口だけ食べる。
　・家では食べるが学校ではのこす。
　・そのほか(　　　　　　　　　)

学習カード・実践カード

「バランスよく食べよう」

3年　組　名前（　　　　　）

☆えいようしの先生の話を聞いてわかったこと
　きゅう食は,わたしたちのせい長のためにバランスを考えてつくられていること

☆バランスよく食べるためにがんばること
　（何をどのように）
　すきなものばかりたくさん食べるのではなく,にが手なニンジンもすきなものといっしょに,一口は食べる

☆きめたことができた日は,色をぬりましょう。

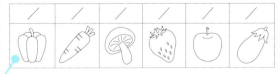

☆1週間をふりかえってみましょう。
　きゅう食に出た日はかならず一口は食べることができた。ニンジンのあじにも少しずつなれてきた。

☆おうちの人から
　今までは,ニンジンが入っていても,食べようとしなかったのですが,今は少しは食べるようにがんばっています。

☆先生から
　ニンジンが食べられるようになってよかったですね。わたしも子どものころ,しいたけがにがてでしたが,今は大すきです。すきな食べものがふえるのはうれしいですね。

右図のようなピーマンのさし絵など食べ物のイラストで表すと楽しくぬることができます。

教師のコメント欄を設け,児童の取組を励ましたり,価値付けたりします。

学級活動(2) 日常の生活や学習への適応と自己の成長及び健康安全

学級活動(2)の指導案の作成の仕方は？

5 本時のねらい

　好き嫌いをしないでバランスよく食べることの大切さについて理解し，自分に合った具体的なめあてや方法を決めることにより，自分自身の健康について考えて行動するための動機付けとなるようにします。

　「本時のねらい」には，自他の関わりの中で，個人の課題を踏まえ，どのような意思決定ができるようにしたいのかの指導のねらいを端的に記述します。

6 本時の展開

	児童の活動	指導上の留意点		資料	目指す児童の姿と評価方法
		T1（学級担任）	T2（栄養教諭等）		
導入 つかむ	1　好きな給食の献立について話し合う。	・好きな献立ランキングを発表し，人気のある献立について確認することで，児童の給食への興味・関心を高める。		アンケート結果の集計	
	2　給食についての事前のアンケート結果を見て，気付いたことを話し合う。	・アンケート結果から，学級全体の課題としてだけでなく，自分の課題として捉えることができるようにする。			
展開 さぐる 見つける	3　野菜に含まれる栄養の大切さについて知る。		・野菜に含まれる栄養と健康に関し，発達の段階に合わせて内容を重点化した資料を用意したり，自身の体験を話したりして，児童の興味・関心を高めるようにする。	栄養に関する資料 学習カード	・自分の体の健康と野菜に含まれる栄養との関わりについて理解している。（知識・技能）【発言・学習カード】
	4　好き嫌いのない食事のとり方の工夫を話し合う。	・今まで食べられなかった野菜を食べられるようになった経験をもつ児童を意図的に指名するなど，いろいろな工夫が出せるようにする。	・実践方法について話し合う過程で，自分なりの工夫を考えることができるようにする。		
終末 決める	5　話し合ったことを参考にして，自分のめあてや実践方法を決める。	・自分の課題に合った具体的なめあてや実践方法を決めて学習カードに記入するようにする。 ・何人かに発表してもらい，めあての修正や実践の参考にできるようにする。 ・1週間程度実践し，自己評価できるようにする。	・机間指導を行い，必要に応じて，具体性のあるめあてや実践方法が設定できるように助言を行う。	実践カード	・自分の課題に合った具体的なめあてや食べ方を決めている。（思考・判断・表現）【実践カード，観察，発言】

7 事後の指導

児童の活動	指導上の留意点	目指す児童の姿と評価方法
・自分の立てためあてや取組などについて振り返る。 ・友達同士で取組を確認し合う。	・給食のよいところや，給食のよりよい食べ方について考えるように知らせる。 ・帰りの会などを利用して，友達同士で取組を確認し合う場を設け，お互いのがんばりを励まし合うことにより，実践の継続を図るようにする。	・友達の意見を参考にしながら，どのように生活に生かしていきたいかを考えて立てた具体的なめあてや実践方法に，進んで取り組んでいる。（思考・判断・表現）【めあてカード・観察】

　定期的に振り返りの時間を設け，実践意欲の継続化を図ります。

　学年，学級だより等を通して家庭と連携し，日常生活での意識化を図ります。

　意思決定し，1週間実践したことの成果を自己評価したり友達と認め合ったりして，実感できるようにします。

3 学級活動(2)指導案例②

次は内容「基本的な生活習慣の形成」についての，簡略化した指導案例です。

第1学年○組　学級活動(2)指導案

題材　「気もちのよいあいさつ」　学級活動(2)　ア　基本的な生活習慣の形成

1 ねらい

日常の生活を振り返り，挨拶の大切さや素晴らしさに気付き，自ら進んで大きな声で挨拶しようとしたり，心をこめて挨拶したりしようとすることができるようにする。

> 資料については，各内容に即した問題の状況や原因を理解するための各種の調査結果，解決の方法を理解するための必要な情報などが考えられます。

2 活動の実際

(1) 事前の指導

活動の場	児童の活動	指導上の留意点(○)と評価(☆)	資料
朝の会	・あいさつアンケートを書く。 ・アンケートの結果を分かりやすいようにグラフにする。	○日頃，自分がだれに，どんな挨拶をしているか思い出させて，どんな挨拶をされたときうれしかったか意識させる。 ○児童がアンケートを集計し，まとめることで興味・関心を高めるようにする。	アンケート

(2) 本時の展開

観点	児童の活動	指導上の留意点(○)と評価(☆)	資料
導入 つかむ	1　今までのあいさつの仕方について振り返る。アンケート結果から気付いたことを発表する。 ・先生にはあいさつしているけれど，友達にはあいさつしている人が少ない。 ・地域の人にもあいさつできるといいな。	○事前のアンケートの結果を知らせ，挨拶についての意識を高める。 ○アンケートの結果や，普段の自分たちが挨拶している様子を撮影した映像を見ることにより，今の挨拶の仕方について，振り返ることができるようにする。	アンケート結果 自分たちの挨拶の映像
展開 さぐる 見つける	2　6年生のあいさつの映像を見て，6年生のあいさつについて考える。 ・毎朝何人とあいさつできたかを数えたら，たくさんの人に言えそうだね。 ・大きな声であいさつしたらどうだろう。気持ちいいのかな。 ・僕も自分からあいさつしよう。 ・顔をしっかりと見て言われるとうれしくなるよ。 ・はずかしいとできないけれど，一度言ってみたら慣れてくるかも。 3　グループで考えたことを発表する。	○自分たちの挨拶と比べて，どんな点が違うのか，どうしたら6年生のように挨拶できるか，考えられるようにする。 ○なるべくたくさんの方法について考えて発表し，一人一人がめあてを立てるときにそれぞれ比べながら，選んだり，参考にしたりすることができるようにする。 ☆どうしたらもっとみんながにこにこするような気持ちのよい挨拶ができるか考えている。 (思考・判断・表現)【観察・発言】 ○考えた方法を実際にグループの友達と試してみる。 ○挨拶されてどう感じたか発表し合ったり，みんなで一緒にやってみたりする。	6年生の挨拶の映像
終末 決める	4　本時を振り返り，自分の今後のめあてをもつ。	○本時を振り返り，これから自分がどんなときにどのように挨拶するかについて，具体的なめあてや実践方法を決めて，がんばりカードに記入する。 ☆気持ちのよい挨拶について考え，自分のめあてを決めている。 (思考・判断・表現)【めあてカード・発言】	がんばりカード

(3) 事後の指導

帰りの会で，挨拶でがんばっていることを確認し，称賛したり励ましたりする。個別に，新たな方法を加えて努力できるように促すようにする。

学級活動(2) 日常の生活や学習への適応と自己の成長及び健康安全

指導を振り返ってみましょう

学級活動(2),(3)について,自分の指導を振り返り,次の活動や指導に生かすようにします。

教師の振り返りの例

項　目	チェック欄
年間指導計画に基づいて題材を設定している。	
事前アンケート等を活用して,児童の実態を的確につかんでいる。	
指導のねらい,目指す児童の姿を明確にしている。	
児童の問題意識を高めるための適切な資料を準備している。	
児童自身が問題意識をもち,課題をつかむことができるよう,事前指導や導入を工夫している。	
児童が,問題の原因や解決方法等について話し合う活動を取り入れている。	
児童は,話し合ったことを生かして,自分に合った具体的な目標を意思決定することができている。	
板書計画を立て,学習の流れが分かるように板書を構造化している。	
実践意欲を高めるがんばりカードなどを用意している。	
実践後の努力の成果を認め合えるような振り返りの場を設定している。	
児童が実践したことに対して,励ましや評価を的確に行っている。	
他教科等との関連を考えて,指導計画を立てている。	
指導の効果を上げるために,内容に応じて適切な人材を活用している。(ティームティーチング)	
家庭への発信や家庭との連携の工夫をしている。	

意思決定

　一般的に,意思決定とは,ある目標達成のために諸手段を考察,分析し,その一つを選択決定する人間の認知的活動とされています。学級活動(2),(3)では,児童は学級での話合いを通して,共通する課題を見いだし,多様な視点から解決方法を見付け,自己の具体的な実践課題を決めて,粘り強く努力します。本時において児童一人一人が自分に合った具体的な実践目標を意思決定することができるようにするとともに,児童が自ら決めたことを実践して振り返り,自ら改善するための事後指導が重要です。

児童が活動を記録し蓄積する教材等（ポートフォリオ的な教材）

　特別活動での実践や体験,各教科等における学習に関することだけでなく,学校や家庭における日々の生活や,地域における様々な活動などについて,教師の適切な指導の下,児童が記録を積み重ねるとともに,それらを振り返りながら,新たな生活や学習への目標や将来の生き方などについて考え,記録していく教材です。
○小学校から中学校,高等学校まで,その後の進路も含め,学校段階を越えて活用できるものとなるようにすること。
○各地域の実情を踏まえ,各学校や学級における創意工夫を生かした形で活用すること。
○各地域,各学校における実態に応じ学校間で連携しながら,柔軟な工夫を行うこと。
○プライバシーや個人情報保護に配慮すること。

学級活動(3)

一人一人のキャリア形成と自己実現

学級活動(3)の内容と育成する資質・能力は？ ……………………… 84
問題意識を高める事前指導とは？ ……………………………… 85
意思決定に向けた本時の学習過程は？ ……………………………… 86
事後指導で目標実現への意欲を高めるためには？ …………………… 88
学級活動(3)の題材と指導展開例は？ ……………………………… 89
学級活動(3)の指導案の作成の仕方は？ ……………………………… 90
キャリア教育の要としての役割が期待されているとは？ …………… 94

IV

学級活動(3) 一人一人のキャリア形成と自己実現

学級活動(3)の内容と育成する資質・能力は?

学級活動(3)では，現在及び将来にわたってよりよく生きるために，自分に合った目標や具体的な方法を意思決定し，なりたい自分を目指すことができるような自己実現を図る力を育てます。

キャリア形成とは「社会の中で自分の役割を果たしながら，自分らしい生き方をしていくための働きかけ，その連なりや積み重ね」(『小学校学習指導要領解説 特別活動編』)を意味しています。

- 特別活動が「キャリア教育の要」であることの趣旨を踏まえ，これからの学びや生き方を見通すとともに，これまでの学習を振り返り，教育活動全体を将来や社会づくりにつなげていくようにします。
- 小・中・高等学校の系統性を明確にし，中学校，高等学校へのつながりを考えながら，発達の段階に応じた系統的な内容となるようにします。
- 生活や学習を振り返って蓄積していけるよう，ポートフォリオ的な教材を活用します。
- 自分のよさや可能性を生かし，自分らしい生き方をしていこうとする態度を育てるために一人一人の意思決定を大切にします。

キャリア教育は，教育活動全体の中で基礎的・汎用的能力を育むものであり，将来の夢やなりたい職業，職業調べなど，職業に関する理解を目的とした固定的な活動だけにならないようにすることが大切です。

1 学級活動(3)の内容

学級活動(3)は「一人一人のキャリア形成と自己実現」に関わる活動です。次の三つの内容からなります。これらの内容は，中学校，高等学校へのつながりを考慮して設定されたものです。

■ 学級活動(3) 一人一人のキャリア形成と自己実現

ア 現在や将来に希望や目標をもって生きる意欲や態度の形成

学級や学校での生活づくりに主体的に関わり，自己を生かそうとするとともに，希望や目標をもち，その実現に向けて日常の生活をよりよくしようとすること。

イ 社会参画意識の醸成や働くことの意義の理解

清掃などの当番活動や係活動等における自己の役割を自覚して協働することの意義を理解し，社会の一員として役割を果たすために必要となることについて主体的に考えて行動すること。

ウ 主体的な学習態度の形成と学校図書館等の活用

学ぶことの意義や現在及び将来の学習と自己実現とのつながりを考えたり，自主的に学習する場としての学校図書館等を活用したりしながら，学習の見通しを立て，振り返ること。

2 学級活動(3)で育成する資質・能力の例

- 働くことや学ぶことの意義を理解するとともに，自己のよさを生かしながら将来の見通しをもち，自己実現を図るために必要なことを理解し，行動の在り方を身に付けるようにする。
- 自己の生活や学習の課題について考え，自己への理解を深め，よりよく生きるための課題を見いだし，解決のために話し合って意思決定し，自己のよさを生かしたり，他者と協力したりして，主体的に活動することができるようにする。
- 現在及び将来にわたってよりよく生きるために，自分に合った目標を立て，自己のよさを生かし，他者と協働して目標の達成を目指しながら主体的に行動しようとする態度を養う。

3 発達の段階に即した指導の重点

低学年	この一年でどのようになりたいかについて話し合い，希望や目標をもって生活できるようにする。当番の仕事の仕方を覚えたり，友達と一緒に仕事に取り組んだりできるようにする。学ぶことのよさや大切さについて考え，進んで学習に取り組めるようにする。
中学年	自分が目指す姿について話し合い，目標に向かって具体的な解決方法や目標を設定し，取り組めるようにする。自分の役割を果たすことの意味や大切さについて考え，最後までやり遂げるようにする。今の学びが将来につながることを知り，主体的に学習に取り組めるようにする。
高学年	意思決定したことに粘り強く取り組み，努力してやり遂げた達成感を味わえるようにする。自分の役割や責任，自他のよさを考え，友達と高め合って取り組めるようにする。学習の見通しや振り返りの大切さ，適切な情報の収集や活用の仕方について考え，主体的に学習できるようにする。

学級活動(3)　一人一人のキャリア形成と自己実現

問題意識を高める事前指導とは？

事前に題材を提示しておいたりアンケートを実施したりして，児童一人一人が題材について自分事としてとらえられるようにします。また，児童の実態に即した指導展開にするために，アンケート結果などを生かした指導計画となるようにします。

① 事前の題材提示

年間指導計画で予定されている題材について，学級の実態に応じて指導したい課題（めあて）を設定します。課題については事前に朝の会などで知らせておき，児童の問題意識を高めておきます。

② 事前調査

本時の指導計画や資料の作成の際には，学級の実態を把握するだけでなく，養護教諭や栄養教諭，地域社会で働く方などの協力を得て事前調査し，専門的な知識や考えを生かせるように工夫します。

題材について学級の現状や児童一人一人の思いや考えを事前に調査することで，さらに問題意識を高めることができます。具体的な例として，アンケートやインタビュー，映像や写真などによる記録等が考えられます。

〈アンケートの例(第2学年)〉

```
そうじについてのアンケート          2　年　組（　　　　　）
1　そうじはすきですか。
       とてもすき　　すき　　あまりすきではない　　すきではない
   わけ（                                                     ）
2　そうじの時間，一生けんめいとり組んでいますか。
       はい　　　　いいえ
3　そうじの時間にがんばっていることはどんなことですか。
```

〈授業で活用する資料〉

■ **インタビューやビデオメッセージの活用例**
身近な社会で共に生活している人へのインタビューやビデオメッセージを活用します。
- 上級生へのインタビューや上級生からのメッセージを通して，児童が目指したい姿を具体的にイメージすることができます。
- 校長先生や保護者へのインタビューを通して，児童への願いや思い，児童ががんばっていることなどを伝えることができます。
- 題材に関連する職業に就いている方へのインタビューを通して，学習することの意義を伝えることができます。

※本題材では，インタビューの中で，用務主事の方に掃除の意義や楽しさ，やりがいについて語ってもらうようにしています。

■ **映像や写真の活用例**
日常生活の様子を，映像や写真などで振り返ることで，題材に対する問題意識を高めることができます。
〈資料の例〉
- 上級生の生活の様子
- 題材に関する職業に就いている方の働いている様子

■ **アンケート結果のまとめの活用例**
発達の段階に応じて，アンケートの集計やグラフ等の作成，本時でのアンケート結果の発表を計画委員会で行うことも考えられます。

指導過程を踏まえて事前の準備を工夫することで，児童の学習意欲を高めたり，よりよい話合いや意思決定につながったりします。

発達の段階に即し，キャリア形成の視点から，学校生活だけでなく，社会生活や自分の将来について視野を広げることも大切です。その際，職業に関する夢などに固定せず，将来の生き方や現在の学びを将来どのようにつなげていくのかなど児童の豊かな発想や広い視野を生かすようにします。

低学年では，生活科との関連を図るようにします。例えば「もうすぐ3年生」の題材で，生活科で作ったアルバムをもとに，これまでの自分の成長やがんばりを見つめることができるようにします。

学級活動(3) 一人一人のキャリア形成と自己実現

意思決定に向けた本時の学習過程は？

児童一人一人がなりたい自分に向けて，今努力することについて意思決定します。四つの段階の思考過程を重視し，児童の成長やよさを認め合ったり，話合い活動の場を設けたりすることで個々の考えや可能性を広げ，強い決意をもって実践できるようにします。

つかむ

課題の把握

題材を自分事としてとらえ，将来と今とのつながりや学習する意義などについての課題をつかみます。

○ アンケートの活用

事前にアンケートをとることで，題材への関心を高めるとともに，課題をつかみやすくします。

また，事前に動画や写真などで児童の生活の様子を記録したり，それを指導で活用したりすることで今の自分を見つめやすくします。

一生懸命そうじをしたり，自分でがんばることを意識したりしながらそうじをしている人がたくさんいますね。今日はそうじをする意味を考え，今よりもさらにそうじが上手にできるようにするために，今の自分にできることについてみんなで話し合っていきましょう。

さぐる

可能性への気付き（原因の追求）

これまでの自分を振り返り，「なりたい自分」について自分の願いをもち，よさや可能性をさぐります。

○ 資料の効果的な活用

学級活動ノート，がんばっている様子の写真や映像などを活用することで，自分の成長をより実感できるようにします。

○ 身近な社会とのつながり

学校や地域，家族など児童にとって身近な社会で共に生活している人へのインタビューなどで思いや願いを知ることも，「なりたい自分」を見つめるきっかけになります。

仕事でそうじをしている人にも，大切にしていることや思いがあるんだね。

5/17 「おそうじ 大すき」　　　　めあて おそうじじょうずに なるために

つかむ
そうじに一生けんめいとり組んでいますか。

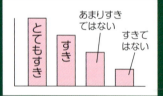

そうじの時間にがんばっていることはどんなことですか。
- すみずみまで きれいにする
- ごみを のこさないようにする
- おしゃべりしない

さぐる どうしてそうじをするのかな

ようむしゅじさんにインタビュー

・どうしてそうじを？
　きれいで子どもたちがすごしやすい場しょにしたいからです。
・そうじをおえたあとはどんな気もち？
　気もちがすっきりします。
・気をつけていることはなんですか？
　人から見えないところも手をぬかないようにしています。

そうじのよさ
- 自分も みんなも うれしくなる
- 人の やくに 立つ
- 気もちが すっきりする
- 友だちと きょう力できる

見つける

「おそうじじょうず」に なろう
- 自分の しごとを しっかりと やる
- きょう力しながら しごとを する
- ごみが のこらないように する
- 時間内に おわらせる

● 題材「おそうじ　大すき」(第２学年の例)

見つける	決める
解決方法等の話合い	個人目標の意思決定

みんなで「なりたい自分」を追求するためにできることなどを出し合って見つけます。

○　話合い活動
　小グループでの話合い活動を通して，考えを広げます。その際，互いのよさを認め合いながら励まし合ったり，友達にアドバイスしたりすることで，前向きに考え，さらに，実践意欲の高まりにもつながります。

○　専門性を生かした情報提供
　題材によって，司書教諭や中学校教諭，地域の方などの協力を得てティームティーチングを行い，専門性を生かしたアドバイスを受けられるようにすることも有効です。

なりたい自分になるために，自分に合った具体的な個人目標（内容や方法など）を決め，実行への強い決意をもちます。

○　意思決定
　授業の流れを振り返りながら自分に合った目標を意思決定します。その際，なりたい自分に向けたより具体的な目標を決めるようがんばりカードなどを工夫します。
　意思決定したことを友達と発表し合ったり，具体的な目標を決めた児童を称賛したりすることで実践意欲を高めるようにします。

○　がんばりカードの工夫
　学習の流れをもとに，自分の考えを明確にしたり，自分の目標をより具体的に書いたりできるよう工夫します。
　また，期間を決めて取り組むなど自己評価をしやすくすると，児童の達成感の高まりにつながります。

がんばることを　きめよう

おそうじじょうずになるために，今できることを見つけよう。	おそうじじょうずになるために，がんばることをきめよう。
おいてあるものをうごかしながらほうきではく。	めあてカード
はじまりとおわりの時こくをまもる。	
自分のしごとがおわったら，友だちのしごとを手つだう。	めあてカード
そうじがおわったら，はんの友だちにありがとうと言う。	
つくえやいすの足のうらをふく。	

学級活動(3) 一人一人のキャリア形成と自己実現

事後指導で目標実現への意欲を高めるためには？

児童同士の認め合いや教師の励ましなどが、児童一人一人の目標実現への意欲を高めます。児童の自主的な取組は、「自分もやればできる」「がんばってよかった」などの自己効力感や自己肯定感の高まりにもつながります。

1 決めたことの実践

本時で意思決定したことをもとに、目標の達成に向けて個人として努力して取り組みます。目標を常に意識したり、互いの活動の様子や努力を確認できたりするように工夫することで、継続的な実践を促します。

2 振り返り

〈がんばりカードの例〉

一人一人が意思決定したことを掲示したり、発表し合ったりすることで、実践意欲を高め、児童同士の認め合いにつながります。

教師は努力の結果だけでなく、目標実現に向けた児童の活動の過程を見取り、励ますようにします。また、学級通信等で家庭との連携を図ることでより効果を高めることができます。

実践後に感じたことや学んだことを1年間積み重ねていくことで、次年度や将来に向けて大切にしたいこととして意識付けることもできます。

3 次の課題解決へ

「自分にもできた」「がんばってできるようになるとうれしい」など、児童同士の感想の共有や、教師による励ましや評価をすることで、児童一人一人が「努力することは大切」「これからもがんばりたい」と前向きに考えられるようになり、次の課題解決への意欲につながっていきます。

床そうじでは、一度のぞうきんがけでは落ちない汚れを落とそうと、友達と協力しながら熱心に取り組む姿が見られるようになりました。このような場面を認め、学級全体や家庭に知らせることで意欲の高まりへとつながります。

学級活動(3) 一人一人のキャリア形成と自己実現

学級活動(3)の題材と指導展開例は？

児童の現在及び将来の生き方を考える基盤になるように，学校の教育活動全体を通して行うキャリア教育との関連を考慮して，教師が意図的，計画的に指導する内容です。

1 題材と展開の例

ア 現在や将来に希望や目標をもって生きる意欲や態度の形成

題材「4年生になって」【中学年の例】			
つかむ	さぐる	見つける	決める
「4年生で楽しみにしていること」のアンケート結果から課題をつかむ。	上級生の経験談，教師や保護者の思いから，楽しみにしていることを実現するために必要なことや努力しなければいけないことがあることを知る。	自分が目指す姿に向けて必要なことや努力しなければいけないことについて出し合う。	みんなで出し合った解決方法等を参考にして，自分が目指す4年生になるための自分に合った具体的な目標や方法を決める。

イ 社会参画意識の醸成や働くことの意義の理解

題材「当番の仕事」【低学年の例】			
つかむ	さぐる	見つける	決める
「当番の仕事への取組」についてのアンケート，給食の時間や掃除の時間の様子を記録した写真などをもとに，課題をつかむ。	インタビューや上級生の当番の仕事への取組の映像をもとに，仕事をすることでみんなにも自分にもよいことがあることを知り，当番の仕事の必要性を知る。	みんなの生活に貢献することや自分の役割を果たすためにどんな努力ができるかを出し合う。	みんなで出し合った解決方法等を参考にして，自分が当番活動を行うために，特に努力すべきことを決める。

ウ 主体的な学習態度の形成と学校図書館等の活用

題材「よりよい学習習慣」【高学年の例】			
つかむ	さぐる	見つける	決める
学ぶことの意義が明確でないまま授業を受けているなどの課題をつかむ。	社会人の方から小学校時代の学びがどのように生きているかについて話を聞き，学び方が大切なことを知る。	将来に役立つ学習の方法や工夫について出し合う。	みんなで出し合った解決方法を参考にして，今の自分の学び方を改善するための具体的な目標や方法を決める。

2 その他の題材例

	ア 現在や将来に希望や目標をもって生きる意欲や態度の形成	イ 社会参画意識の醸成や働くことの意義の理解	ウ 主体的な学習態度の形成と学校図書館等の活用
低学年	「1ねんせいで　できるようになったこと」 「2年生の　1年かん」	「きれいなきょうしつ」 「ありがとう　きゅうしょくとうばん」	「おはなしめいじん　ききめいじん」 「たのしさはっ見　学校としょかん」
中学年	「4年生になって」 「楽しいクラブ活動」	「学級のみんなのために」 「みんなのためのにはたらくって大切だね」	「習かんにしよう，家庭学習」 「上手な学校図書館の使い方」
高学年	「充実させよう，夏休み」 「もうすぐ中学生」	「委員会の仕事」 「見つめよう，自分の役わり」	「進んで取り組む自主学習」 「学校図書館の活用」

学級活動(3) 一人一人のキャリア形成と自己実現

学級活動(3)の指導案の作成の仕方は？

学級での話合いを通して，個人の目標を意思決定し，各自で実践する児童の自主的，実践的な活動から将来につなぐという学級活動(3)の特質を踏まえ，指導案を作成します。

1 学級活動(3)の特質と指導案の内容

学級活動(3)の指導案は，活動内容の「一人一人のキャリア形成と自己実現」の特質を踏まえて作成する必要があります。学級活動(2)と同じく話合いを生かして具体的な実践方法などを意思決定し実践していく活動ですが，特に学級活動(3)においては，その実践が将来に向けた自己実現に関わっているというところに特質があります。指導案においても，児童の現在及び将来の生き方を考える基盤となるということに留意します。

学級活動(3)の指導案に示す内容としては，題材，児童の実態と題材設定の理由，育成を目指す資質・能力，事前指導，本時のねらい，指導過程，使用する教材・資料，事後指導，評価の観点などが考えられます。

2 学級活動(3)指導案例①

第4学年○組　学級活動(3)指導案

1 題材　「4年生になって」
　　学級活動(3)　ア　現在や将来に希望や目標をもって生きる意欲や態度の形成

2 題材について

(1) 児童の実態

　学級会では，事前の活動から事後の活動，振り返りまで，児童が自主的，実践的に取り組む姿が見られるようになってきた。また，活動を通して友達のよさに進んで気付き，協力して活動しようとする態度も育ってきた。一方で，自分自身のよさや可能性を客観的に認知し，生かそうとしている児童は多くない。

　2分の1成人である10歳になるこの時期の児童は，様々な人に支えられてたくさんのことができるようになったことなど，「今までの自分」を振り返ったり，高学年に近づく「これからの自分」について考えたりしている。

(2) 題材設定の理由

　今回，「今の自分」のよさや可能性を客観的に見いだし，4年生として「なりたい自分」を見定め，「今の自分」が取り組んでいくことを意思決定することにより，今年度，さらにはその先の将来に向けて希望や目標をもって生きようとする態度が育成されると考え，本題材を設定した。

　事前のアンケートを活用して，3年生の1年間を想起して，自分の得意なことや経験したことを振り返り，自分のよさや可能性に気付かせるとともに，自分たちの成長について確認し，友達と共有できるようにする。そして今，がんばることの大切さを理解し，話合いを通して，他者の意見も踏まえて，自分ががんばることを意思決定できるようにしたい。一人一人の取り組む内容は違っていても，ともに「理想の学級・なりたい自分」を目指して努力する仲間として，励まし合って実践を積み重ねていくことを期待したい。

※左側注釈：

年間指導計画を基に，題材を設定します。その題材がどの内容なのかを明記します。
◎内容
ア　現在や将来に希望や夢をもって生きる意欲や態度の形成
イ　社会参画意識の醸成や働くことの意義の理解
ウ　主体的な学習態度の形成と学校図書館等の活用

児童が自己の課題として真剣に捉え，目標や方法などを意思決定できるように，学級生活における児童の実態から，この題材を取り上げる必要性など，教師の児童観，題材観などについてまとめます。
必要に応じて，各教科，道徳及び総合的な学習の時間との関連を図った計画的指導や学年段階，発達の段階に即した系統的な指導に関わる配慮事項などについても記述します。

児童が活動したり，意思決定したりする上で，教師が何をどのように工夫したり，配慮したりするかなどを記述します。

3 第3学年及び第4学年の評価規準

観点	よりよい生活や人間関係を築くための知識・技能	集団の一員としての話合い活動や実践活動を通した思考・判断・表現	主体的に生活や人間関係をよりよくしようとする態度
評価規準	働くことや学ぶことの意義を理解するとともに，自己のよさを生かしながら将来への見通しをもち，自己実現を図るために必要な知識や行動の仕方を身に付けている。	自己の生活や学習への課題について考え，よりよく生きるための課題を見いだし，解決のために話し合って意思決定し，自己のよさを生かしたり，他者と協力したりして，主体的に活動している。	現在及び将来にわたってよりよく生きるために，自分に合った目標を立て，自己のよさを生かし，他者と協働して目標の達成を目指しながら，主体的に行動しようとしている。

1時間ごとに評価規準を作成せず，学校で定めた低・中・高学年評価規準を記述します。

評価規準に即して，一連の展開における「目指す児童の姿」を具体的に示します。

4 事前の指導

児童の活動	指導上の留意点	目指す児童の姿と評価方法
アンケートやノート等に記入する。	・学校教育目標を作成する際，児童と保護者にとったアンケートを提示する。 ・3年生を振り返るとともに4年生として，「理想の学級・なりたい自分」について考えるように知らせる。	自分のよさや可能性を生かしてなりたい自分について考えることができている。（思考・判断・表現）【アンケート，ノート】

> 児童には，「どんな学級生活を送りたいのか」，「どんな4年生になりたいのか」，保護者には「こんな子に育ってほしい」という願いや，担任へ望むことなどについて尋ねる。

自他の関わりの中で，個人の課題を踏まえ，どのような意思決定ができるようにしたいのかの指導のねらいを端的に記述します。

5 本時のねらい

これからの学級や学校生活に希望や目標をもち，自分なりのめあてをもって学校生活を送ることができるようにする。

6 本時の展開

	児童の活動	指導上の留意点	資料	目指す児童の姿と評価方法
導入 つかむ	1 3年生の1年間を思い出し，自分や友達，自分たちの成長について話し合い，問題意識を高める。	3年生の1年間で様々な経験や努力したことを振り返り，一人一人が成長したことに気付くことができるようにする。	・アンケートの結果をまとめた表 ・3年生を振り返って記入したノート	
展開 さぐる 見つける	2 これまでの自分を振り返って「なりたい4年生」について自分の願いをもつ。	・本時の学習の見通しと意思決定すべきことが分かるよう，学習のプロセスを説明する。	学習カード	よりよく生きていくために，自分のよさや可能性に気付き，今できることに努力して取り組むことが大切であることを理解している。

次は，小学校学習指導要領に示された〔学級活動〕の「目標」です。
「❶学級や学校での生活をよりよくするための課題を見いだし，解決するために話し合い，合意形成し，役割を分担して協力して実践したり，❷学級での話合いを生かして自己の課題の解決及び将来の生き方を描くために意思決定して実践したりすることに，自主的，実践的に取り組むことを通して，第1の目標に掲げる資質・能力を育成することを目指す。」
下線部❶は学級活動(1)，❷は学級活動(2)及び(3)における一連の活動を示しています。そして下線部❷の活動において，「自己の課題の解決」は学級活動(2)で取り上げる題材の特質，「将来の生き方を描くため」は学級活動(3)で取り上げる題材の特質を示しています。
（『小学校学習指導要領解説 特別活動編』より）

学級活動(3)の指導案の作成の仕方は？

学級活動(3) 一人一人のキャリア形成と自己実現

児童の思いや保護者の思い，教師の思いを盛り込んだ学級目標の実現を目指し，児童一人一人がこれからの学習への取り組み方や生活の仕方などについて意思決定する内容も考えられます。

学級活動(2)の指導案と同様に，本時の展開の「導入→展開→終末」の欄に，「つかむ」→「さぐる」→「見つける」→「決める」を記入することも考えられます。

展開 さぐる 見つける	3 「理想の学級生活・なりたい自分」に近づくために，どのようなめあてにすればよいか考え，話し合う。	・学級教育目標や担任の方針などについても具体的に話す。 ・目指したい学級生活やそうした学級生活を実現するためにはどんなことに取り組んだらよいか，話し合うようにする。		（知識・技能） 【学習カード・発言】
終末 決める	4 「なりたい自分」に近づくために，今がんばることを決め，めあてカードに書く。	・実践可能な具体的なめあてや実践方法を決めることができるようにする。 ・めあてを立てることが難しい児童には，個別に言葉掛けをする。	めあてカード	・なりたい自分に向けて，自分のめあてを意思決定することができる。（思考・判断・表現）【めあてカード】

7 事後の指導

児童の活動	指導上の留意点	目指す児童の姿と評価方法
・自分の立てためあてや実践方法について，振り返る。 ・友達同士で実践を確認し合う。	・事後に実践を振り返る機会を設定し，継続した実践になるようにしたり，必要に応じて新たにめあてを立てて取り組んだりすることができるように助言する。 ・学習で記入しためあてカードは，一定期間，学級で取り組み，その後はポートフォリオ的な教材に保存し，いつでも確認できるようにする。	・友達と励まし合いながら，意思決定した目標に粘り強く取り組み，これからの自分に必要なことを適切に判断しながら，進んで実践している。（思考・判断・表現）【観察】

帰りの会などで定期的に振り返ったり，学年だよりや学級だよりなどを通して家庭と連携したりして，実践意欲の継続化を図ります。

児童自らが記録と蓄積を行い，振り返ることで，新たな生活や学習への目標や，将来の生き方などについて記録していけるようにします。

学級活動(2)，(3)については，各学年で取り上げる指導内容の重点化を図り，前の学年と同じ指導をすることがないよう，系統性を踏まえ適切に題材を設定します。

自分の将来と学習をつなぐことにより，各教科等を学ぶ意義を理解し，学ぶ意欲を高めます。

3 学級活動(3)指導案例②

次は内容「ウ 主体的な学習態度の形成と学校図書館等の活用」についての，簡略化した指導案例です。

第5学年○組　学級活動(3)指導案

題材　「進んで取り組む自主学習」
　　　　学級活動(3)　ウ　主体的な学習態度の形成と学校図書館等の活用

1 ねらい

今の学習が将来につながることについて理解し，進んで自主的な学習に取り組むことができるようにする。

2 活動の実際

(1) 事前の指導

活動の場	児童の活動	指導上の留意点(○)と評価(☆)
朝の会	自分の夢についてのアンケートに記入する。 ・野球選手になりたい。 ・画家になりたい。 ・地球環境をよくする人になりたい。 ・人の役に立てる人になりたい。	○将来なりたい職業だけでなく、こんな大人になりたいという書き方でもよいことを伝える。

児童によっては、将来目標とする職業を思いつかない場合や、いくつもの職業に興味をもっている場合が考えられます。また、子供の頃のあこがれの職業は、変わっていくことも多くあります。

そのことを前提として、「こうなりたい」という人物像の書き方でもよいことを助言します。

(2) 本時の展開

	児童の活動	指導上の留意点(○)と評価(☆)
導入　つかむ	1　自分の夢について確認する。 ○事前のアンケートを活用して、自分の夢（なりたい職業、理想の大人像など）について、確認する。 ・私は、洋服のデザイナーになりたい。 ・まだ決まってないけれど、僕は、スポーツ関係の仕事がしたい。 ・人の役に立てる人になりたい。	○どの児童の夢も、肯定的に受け止めるとともに、具体的に将来を描けない児童には、無理に決めなくてもよいことを伝える。
展開　さぐる　見つける	2　自分の夢の実現に必要な学習について考える。 ○自分の夢の実現に関係ある教科の学習について考える。 ・デザインをバランスよく描くには、図工だけでなく算数も大事。 ・チームのみんなとよりよくコミュニケーションを図るためには、国語や外国語を学ぶことは必要だ。 ○考えたことをグループで話し合い、アドバイスし合う。 ・将来、世界で活躍できるようになるためには、社会科や外国語の学習も大切。 3　自分のこれまでの学習内容や学習に取り組む態度を振り返って、気付いたことを発表し合う。 ・将来算数も役立つのに、苦手だからあまり自分から進んで取り組まなかった。 ・わりと長い時間勉強していたけど、言われたことだけやっていた。 4　なりたい自分に向けて、どんなことに気を付けたらよいか、話し合う。 ・苦手な教科の勉強にも取り組む。 ・時間を決めて、「ながら勉強」しないで集中して取り組む。	○自分の夢の実現に向けて、どの教科のどのような学習が関連するか、考えをまとめられるワークシートを用意する。 ○グループでの話合いの場を設定し、互いにアドバイスできるようにする。 ○友達の夢に対して、否定せず、前向きなアドバイスをするように伝える。 ○自分の学習時間や学習内容、学習に取り組む態度について振り返り、見直すことができるようにする。
終末　決める	5　本時を振り返り、今後の学習についてのめあてを意思決定する。 ・何を、どのように、どの程度学習していくかについて、自分のめあてを書く。	・個の課題に応じためあてになっているか確認する。 ☆話し合ったことを生かして、何を、どのように、どの程度学習するのかについて、具体的なめあてを書いている。（思考・判断・表現） 【めあてカード】

〈本時の展開の2で使用できるワークシートの例〉

①自分の将来の夢をワークシートのまん中に書く。

②その仕事にはどんな教科が関わっているのかを考えて周りに書いておく。

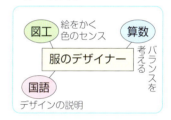

③グループで話し合って、友達からアドバイスをもらったことを書き加える。

(3) 事後の指導

- ペアやグループになって、互いに努力したことや工夫したことについて認め合うようにする。
- 一定期間を経た段階で、よい工夫例を話し合うなどして参考にできるようにする。

自分で決めためあてを実践し、定期的に振り返ることで、児童自身が自分の成長を感じることができるようにします。

学級活動(3) 一人一人のキャリア形成と自己実現

キャリア教育の要としての役割が期待されているとは?

特別活動はこれまでもキャリア教育に資する活動を多様に展開してきました。学習指導要領においても,特別活動がキャリア教育の要であることが明確に示され,各教科等の特質に応じて行われているキャリア教育を関連付けたり,各教科等で学んだことを汎用的能力にまで高めたりすることが求められました。

キャリア教育の要

キャリア教育に関わる様々な活動に関して,学校,家庭及び地域における生活の見通しを立て,学んだことを振り返りながら,新たな学習や生活への意欲につなげたり,将来の生き方を考えたりする活動を行います。

例えば,「もうすぐ5年生」(第4学年)「学級活動(3)ア 現在や将来に希望や目標をもって生きる意欲や態度の形成」では,4年生の1年間を振り返り,これまで経験してきたことや,できるようになったことを確認するとともに,自己のよさや可能性を伸ばし,将来に向けた自己実現を図るために,一人一人の主体的な意思決定を大切にする活動です。

各教科等との関連

■ 学級活動(3)「もうすぐ5年生」(第4学年の例)
（ア 現在や将来に希望や目標をもって生きる意欲や態度の形成）

小学校段階での学級活動(3)で扱う活動内容は「児童の現在及び将来の生き方を考える基盤」となります。

〈自主的な取組のために〉
・意思決定カードを春休みの生活表などに位置付けるなど活用し,家庭との連携に役立てます。
・実践の振り返りでは,教師だけでなく,保護者からの励ましの言葉をもらい,実践意欲の継続化を図ります。

〈中学校との接続のために〉
・学年末には,1年間を振り返る活動を毎年行い,自分の成長を確認することで,自己理解を深めることができます。この積み重ねが,小中の接続を円滑にします。

学校行事記録ファイルやクラブ活動ノートを活用し,上級生が活躍していた姿を思い出し,本時の学習への意欲を高めます。

・各教科等では,授業の振り返りカードで学習での成長を振り返ります。
・家庭生活の記録として,日記などを活用することも考えられます。
・「学級の歩み」や「学級会の足あと」などの教室の掲示をもとに1年間を振り返ります。

特別活動 を中心とした関連図：

- **各教科等**：「分からない問題を友達に教えてもらったり,苦手な問題もあきらめずに考えたりすることができた。」→5年生では,さらに教え合いをがんばりたい。
- **学校生活**：「みんなと仲よく過ごせて楽しかったな」「そうじの時間,隅々までぞうきんがけをしてがんばった」→5年生では,これらのことを生かしてよりよい学級生活づくりに役立ちたい。
- **家庭生活**：「自主学習で日記を書くことをがんばった」「家でもお手伝いをがんばれた」→5年生では,家族の一員として,年間を通してげん関そうじをがんばっていきたい。
- **学級活動**：みんなで話し合って学級の歌をつくってたくさん歌った。係や当番ではみんなで協力してできた。
- **児童会活動**：高学年として役割を果たしたい。
- **クラブ活動**：自分の趣味や特技を生かしたい。
- **学校行事**：運動会で自分のよさを発揮したい。

「もうすぐ5年生」

- 「つかむ」……5年生で楽しみにしていることやがんばりたいことのアンケート結果から,課題をつかむ。
- 「さぐる」……1年間の自分の成長や自分のよさを見つめたり,5年生の生活や学習を調べたり,5年生からのメッセージを聞いたりして,目指す5年生の姿をさぐる。
- 「見つける」…なりたい5年生に向けて,今からできそうなことを話し合う。
- 「決める」……話し合ったことをもとに,自分に合った個人目標を決める。ポートフォリオ的な教材を活用し,学んだことの蓄積をする。

児童会活動 クラブ活動

児童会活動

- 児童会活動を通してつくる楽しく豊かな学校生活とは？ ………… 96
- 指導計画の作成の仕方は？ ……………………………… 97
- 代表委員会の充実のためには？ ………………………… 98
- いじめ等の未然防止につながる自主的な取組は？ …………… 99
- 委員会活動の活性化のための工夫とは？ ………………… 100
- 児童会集会活動の取組の仕方は？／◆児童会活動のチェックリストの例… 101

クラブ活動

- クラブ設置のポイントは？ ……………………………… 102
- クラブの計画や運営をスムーズに進めるためには？ ………… 103
- 「クラブを楽しむ活動」を，よりよい活動にしていくには？ ……… 104
- 「クラブの成果の発表」の仕方は？ ……………………… 105
- 外部講師等の活用は？／◆クラブ活動のチェックリストの例 …… 106

児童会活動

児童会活動を通してつくる楽しく豊かな学校生活とは？

児童会活動は，異年齢集団の児童による自発的，自治的な活動を特質とする教育活動です。教師の適切な指導の下に，児童の発意・発想に基づき，創意工夫を生かして活動計画を作成し，自主的，実践的な活動が展開できるようにします。

児童会活動の内容
(1) 児童会の組織づくりと児童会活動の計画や運営
(2) 異年齢集団による交流
(3) 学校行事への協力

1 児童会活動で育てたい資質・能力

学校の全児童をもって組織する児童会では，異年齢の児童同士で協力したり，よりよく交流したり，協働して目標を実現したりして，学校生活の充実・向上を図ります。児童会活動で育てたい資質・能力は例えば次のようなことが考えられます。

児童会活動で育成する資質・能力は，中学校，高等学校における生徒会活動や，将来，地域社会の自治的な活動の中で生きるものです。

学びに向かう力，人間性等
自治的な集団活動を通して身に付けたことを生かして，多様な他者と互いのよさを生かして協働し，よりよい学校生活をつくろうとする態度を養う。

知識及び技能
児童会や委員会などの異年齢により構成される自治的組織における活動の意義を理解するとともに，その活動のために必要なことを理解したり行動の仕方を身に付けたりする。

思考力，判断力，表現力等
児童会活動において，学校生活の充実と向上を図るための課題を見いだし，解決するために話し合い，人間関係をよりよく形成したり，楽しく豊かな生活をつくったりすることができるようにする。

2 全校の思いや願いを生かして児童会の目標を決め，楽しく豊かな学校生活にする（例）

4月

第1回代表委員会	全校の思いや願いを聞いて	児童会の今年の目標
自分たちがつくりたい学校生活をまとめて，児童会の目標としよう！	→	みんなの笑顔が広がる○○小学校にしよう ～元気に・やさしく・考える～

	議題提案箱から	代表委員会での話合い
学級	6年生から，あいさつの輪を広げたいな，代表委員会に提案しよう！	あいさつ運動を学校全体で取り組もう！
個人	私の得意なことをみんなに知ってほしいな。みんなの得意なことも教えてほしいな。	集会委員会に「とくいなこと発表会」を開いてもらおう！
委員会	図書委員で読み聞かせをしたいな。全校に読書の輪を広げていきたいな。	全校で「読書週間」を開いて，いろいろなイベントをしよう！
代表委員会	○年生の△△さんに親切にしてもらって，とってもうれしかった。○○小には親切な人がたくさんいるから紹介したいな。	やさしい友達や親切な友達を見つけて，校内放送や掲示でみんなに紹介しよう！

代表委員会は月に1回程度設けるようにし，委員会と同時に実施することは避けます。

学級活動を通して育成した資質・能力を，代表委員会や委員会活動における話合いや活動に生かすことが大切です。

代表委員会で話し合った内容は，「児童会だより」や「代表委員会だより」として，全校に知らせます。

児童会活動

指導計画の作成の仕方は？

児童会活動は全校的な活動であるため，全教職員の参加，協力の上で基本的な枠組みとしての年間指導計画を作成します。さらに，教師の適切な指導助言の下に，児童が具体的な活動計画を立てられるようにします。

1 全校の教師が関わって作成する年間指導計画

異年齢の児童同士で協力して運営する児童会活動は，全教職員の共通理解と協力が基盤になって行われる活動です。年間指導計画は全教職員が何らかの役割を分担し，作成することが大切です。

● 年間指導計画例

児童会活動の目標		○異年齢の児童同士で協力し，学校生活の充実と向上を図るための諸問題の解決に向けて，計画を立て役割を分担し，協力して運営することに自主的，実践的に取り組む力を育てる。
児童会活動の実態と指導方針		本校は，各学年2学級であることから，代表委員会は4年生から参加する。また，地域に劇場施設があり，劇団を有することから，集会等の活動でアドバイスを受ける体制が整っている。さらに，校内にビオトープがあり，自然環境に対する意識が高いことから，環境に関する委員会を設置することが望まれる。
代表委員会と各委員会の組織と構成	代表委員会	○4年生以上の各学級代表と各委員会の代表で構成する。 ※必要があれば各クラブの代表も参加する。 ○代表委員会の運営は，司会，記録，提案者で構成する児童会計画委員会が行う。 ※計画委員は，月ごとに交代する。
	委員会活動	○児童の希望や発想が生かされる委員会を設置する。 〔設置する委員会：集会・新聞・放送・図書・環境美化・飼育栽培・健康・給食〕
活動時間の設定	代表委員会	○毎月1回　第3月曜日の6校時に実施する。
	委員会活動	○毎月1回　第1金曜日の6校時に実施する。
	児童会集会活動	○代表委員会が企画・運営し，1単位時間を使って実施する。 　1学期（1年生を迎える会）　2学期（なかよし集会） 　3学期（6年生を送る会） ○集会委員会が企画・運営し，始業前等の20分で実施する。 　例：長なわとび大会　クイズ集会　ジャンケン集会 　　　学級自慢集会等
主な活動	代表委員会 ※予想される議題	1学期：「1年生を迎える会を開こう」「縦割り班で遊ぼう」 　　　　「雨の日の過ごし方を決めよう」 2学期：「運動会の児童会種目を決めよう」「読書週間の取組を決めよう」「なかよし集会を開こう」 3学期：「給食感謝週間にすることを決めよう」「6年生を送る会の計画を立てよう」「1年間を振り返ろう」
	委員会活動 ※（　）は常時活動	集会委員会：児童会集会活動の計画・運営 新聞委員会：校内新聞の発行 放送委員会：学級紹介　先生紹介　学校自慢（朝，給食，帰りの放送）

内容の例として以下のものが考えられます。
- ○学校における児童会活動の目標
- ○児童会活動の実態と指導方針
- ○代表委員会，各委員会の組織と構成
- ○活動時間の設定
- ○年間に予想される主な活動
- ○活動に必要な備品，消耗品
- ○活動場所
- ○指導上の留意点
- ○委員会を指導する教師の指導体制
- ○評価の観点や方法

代表委員会の実施を6校時にした場合，代表委員会に参加しない児童は委員会の活動や係活動をするなどします。
また，昼休みなどの時間に実施することも考えられます。

2 児童が作成する活動計画

児童会活動の計画や運営は，主として高学年による自発的，自治的な活動であることから，年間指導計画に基づき，教師の適切な指導助言の下に，全校に関わるものなど，必要に応じて，児童が具体的に活動計画を立てられるようにします。

- 活動内容・プログラム
- 参加するために準備すること
- 意見を考えるときの視点（合意形成のためのよりどころ）を書く
- 活動名
- 実施の日時
- 活動の目標
- 集会を行う意識を提案理由に書く
- 役割分担

児童が作成する年間の活動計画の内容は，次のようなものが考えられます。
- ○活動の目標
- ○各月などの活動内容
- ○役割分担

児童会計画委員会が作成する代表委員会の計画，及び各委員会の計画を年度の初めに作成します。

> 児童会活動

代表委員会の充実のためには？

代表委員会では，学校生活の充実と向上を図るために，学校生活に関する諸問題について話し合い，その解決を目指した活動を行います。

1 児童会計画委員会の運営

代表委員会においては，話合い活動の計画や準備等を行い，円滑に運営できるように児童会計画委員会を設置します。

委員の決め方	（例）学級代表，委員会代表の委員の中から，司会，ノート記録，黒板記録を互選で選出する。
運営の工夫	○司会グループは，適宜交代して役割を経験できるように計画する。 ○児童会計画委員会の進行表を学級会進行表（司会メモ）と同じように作成し，それを見ながら司会や記録などになった児童が役割を果たせるようにする。 ○委員会の打合せについては，代表委員会担当者に高学年担当の教師を充て，時間を確保しやすくする。

児童会計画委員は，主権者教育等の観点から，代表委員の中から児童会役員として立候補者を募集し，投票によって選出することも考えられます。

2 代表委員会の組織と運営

代表委員会は，主として高学年の代表児童が参加し，学校全体の生活を共に楽しく豊かにするための集団生活や人間関係などの諸問題について話し合い，解決を図るための活動を行います。

議題	児童会が主催する全校集会についての計画 全校に関わる生活をよりよくするための約束　　　　など
例	1年生を迎える会を開こう　　　雨の日の過ごし方を決めよう ○○小なかよし集会を開こう　　6年生を送る会を開こう

代表委員会では，学級代表が参加していない低学年の学級に，活動内容を伝えたり，低学年の児童の意見が反映できるようにしたりして，参画意識を高めます。

活動過程（例）

課題の発見 議題などの設定 → 話合い → 合意形成 → 決めたことの実践 → 振り返り

学校生活を豊かにするための課題を見いだし，代表委員会として提案する。	各学級で話し合い，主として高学年が代表委員会で話し合う。	児童会としての意見をまとめ，合意形成し，決めたことを学級に伝える。	学年や学級が異なる児童と共に協力して取り組み，役割や責任を果たす。	よい点や改善点を見付けだし，新たな課題から次の活動につなげる。
去年の代表委員会の掲示物やファイルから考えたり，教師から提案したりすることができる。	校内放送や児童会だより，代表委員会の掲示板などを利用して，全校の児童に議題を伝え，各学級や委員会で話し合うようにする。また，決まったことも同様に全校に伝え，活動に向けての準備，実践を行う。		事後は，児童の感想を集めるなどし，活動の振り返りを積極的に行う。見付けたことを記録しておく。	

参画意識を高める事前の準備（例）
- アンケートをとる
- 学級会の議題にする
- 高学年や担当教師が取材をする

課題の発見から振り返りまでの一連の活動過程を重視し，それを繰り返し経験できるように指導計画を作成し，実施します。

担当する教師が，活動の中で見られた児童のよさや具体的な活動内容などを学級担任に伝えたり，学級担任がそれを学級経営に生かしたりするなど，連携を図って指導します。

児童会活動

いじめ等の未然防止につながる自主的な取組は？

いじめ等を防止するためには，児童会活動で児童が自主的に進める楽しく豊かな学校生活づくりの活動が効果的です。加えて，学校全体や地域で，いじめ防止に特化した形で取り組むことも重要になります。

1 特別活動で取り組むいじめ防止に向けた自主的活動（例）

特別活動で取り組むことができる「いじめ防止の自主的な活動」には次のような活動があります。

1	楽しく豊かな学級生活をつくるための諸問題を話し合い，友達と協力して実践する学級活動(1)
2	よりよい人間関係を題材にして健全な生活態度を形成する学級活動(2)
3	児童会集会活動で取り組む異年齢集団活動
4	児童会掲示板を活用して全校に呼びかける「いじめ防止」のメッセージ
5	近隣小学校の児童会や小・中・高の児童会と生徒会が共同で取り組むいじめ防止の活動

生活上の諸問題を自分たちの課題として捉え，解決方法について話し合い，合意形成したことに基づき協働してよりよい生活を築くことができるようにします。そのためのきまりや工夫などを考え，実践していきます。

「イ　よりよい人間関係の形成」の指導内容を中心に，道徳科の「主として人との関わりに関すること」等と関連したり，間違いや失敗を支え合い助け合うことを経験したりすることが大切です。

代表委員会が中心になるものと，集会委員会が中心になるものとに分けられます。どの集会活動も自発的，自治的な活動が基本で，教師が計画して実施する学校行事とは異なります。

上級生の下級生に対する温かく思いやりのある活動となるようにします。

2 児童会で取り組むいじめ防止に向けた自主的な活動（例）

児童会活動で取り組むいじめ未然防止に向けた自主的な活動には，代表委員会や委員会活動，児童会集会活動で取り組むものがあります。

● 児童会活動での取組（例）

代表委員会	「いじめに負けない・いじめに強い・いじめを起こさない宣言」(例) 代表委員会から，全校にいじめに対する意見を募集し，校内意見発表会をする。発表された意見は，校内新聞に掲載したり校内放送で紹介したりする。いじめをなくすキャンペーンにつなげることもできる。
各委員会	各委員会における「いじめ未然防止イベント」(例) 各委員会がいじめをなくすためにみんなが仲よくなれるイベントを考え，曜日ごとに実施する。また，広報委員会でいじめ未然防止の標語やポスターを掲示するなど，各委員会の特性を生かした取組を行う。
児童会集会活動	代表委員会で話し合い，「いじめをなくす集会」を企画・運営する(例) 各学級や学年で話し合った「いじめをなくす取組」を発表したり，異年齢集団の班でいじめ解決の方法を考えたりする。ジャンケン列車，○×クイズ，縦割りグループ対抗のゲームなどで仲よく活動もできる。
児童会・生徒会サミット	市区町村単位や近隣の学校の児童会や生徒会の代表が集まり，意見交流などを行うイベント(例) 市区町村の教育委員会の協力を得ながら，各学校のいじめをなくすための取組を持ち寄り，その実践発表を行い，意見交流を行う。イベント後には，よりよい取組を自校に持ち帰り，実践に結び付けることが考えられる。また，全体で，「いじめをなくす宣言」などにまとめたり，いじめ解決に向けての劇を鑑賞したりするなどの活動も考えられる。 いじめをなくす標語を募集して横断幕やのぼりを製作し，各学校に配付することで，校内外に強い決意や取組を伝えることもできる。さらに，継続して取り組むことができるように月の決まった日を「いじめ0の日」として，意識化することも大切になる。

「いじめ防止」については，特に児童が自主的に行う活動が重要です。いじめ防止対策推進法第15条第2項では，学校は「いじめの防止に資する活動であって当該学校に在籍する児童等が自主的に行うものに対する支援」について規定しています。さらに文部科学省が定めている「いじめの防止等のための基本的な方針」においても「学級活動，児童会・生徒会活動等の特別活動において，児童生徒が自らいじめの問題について考え，議論する活動や，校内でいじめ撲滅や命の大切さを呼びかける活動，相談箱を置くなどして子供同士で悩みを聞き合う活動等，子供自身の主体的な活動を推進する」として児童生徒の主体的な活動の推進を求めています。

児童会活動

委員会活動の活性化のための工夫とは？

委員会活動では学校全体の生活を共に楽しく豊かにするための活動を分担して行います。高学年の全児童による活動を通して，異年齢の児童の人間関係を形成したり社会参画の態度を育てたりするという教育的な意義があります。

1 委員会設置上の留意点

委員会の設置に当たっては，児童の発意・発想を生かし，創意工夫するなど，自主的，実践的に取り組むことができるように指導計画を作成します。また，一人一人の児童が自己の責任や役割を果たし，自己有用感や達成感を味わうことができるように指導します。活動の中で，様々な学校生活における諸問題について話し合って合意形成を図ったり，協働して取り組んだりして，異年齢集団における人間関係をよりよく形成できるようにすることが大切です。

活動内容から見た留意点
- 活動内容が具体的で分かりやすく，継続して実践できるようにする。
- 全校の児童の学校生活に関わる活動内容にする。
- 児童が計画，実践し，創意工夫ができるようにする。
- 児童の自治的な活動の範囲を越えないようにする。

設置に向けて	学校全体の教育目標に関連させて設定することが望ましい。 児童は年間通して同一の委員会に所属する。経験を生かす意味で，2年間同一の所属を基本としている学校もある。 委員会活動のオリエンテーションを，前年度の3学期末または年度初めに行う。活動を見学したり，上級生にインタビューしたりして意欲を高める。
委員会(例)	・環境教育の視点に立ち，環境美化に関する委員会を設置する。 ・健康教育の視点に立ち，健康の増進や運動に関する委員会を設置する。 ・小動物などの飼育に関する委員会活動では，教師のきめ細やかで適切な指導を行うとともに，地域の獣医師などとの連携を図る。また，命(生命)を大切にする教育と結び付ける。 ・外国籍の児童が多い地域の学校は，国際理解に関する活動に取り組む委員会を設置する。 ・自然に恵まれた地域は，学校内外の自然環境を楽しんだり守ったりする委員会を設置する。

委員会の例として，集会，新聞，放送，図書，環境美化，飼育栽培，健康，福祉ボランティア，給食などがあります。

2 委員会活動を活性化するアイデア，委員会活動で活用する評価

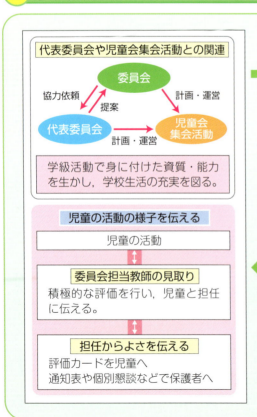

児童会活動

児童会集会活動の取組の仕方は？

児童会集会活動は，児童会主催で行われる集会活動です。児童の発意・発想を生かしながら，様々な形で活動します。

❶ 児童会集会活動の取組の仕方

形態(例)	○全校の児童で行う。 ○複数学年の児童で行う。 ○同一学年の児童で行う。 　など，児童の自発的・自治的な活動の範囲で活動する。	
内容(例)	○活動の計画や内容について話し合い，活動状況の報告や連絡をするもの ○学年や学級が異なる児童と共に楽しく触れ合い，交流を目指すもの 　など，児童の発意・発想を生かすものとなるようにする。	
	ショート集会(20分程度)	ロング集会(45分程度)
	・各委員会からの報告や連絡 ・簡単なレクリエーションや運動に関する集会 　など	・代表委員会が中心となって計画・運営する。 ・運営は，集会のための実行委員や集会委員が担当したり，各委員会がそれぞれの役割分担に応じて担当したりして行う。
	具体的な例	
	・1年生をむかえる会　・学級や学年単位で発表する集会　・○○小まつり ・感謝する集会　　　　・青少年赤十字活動の集会　　　　・卒業生を送る会	

❷ 児童会活動を活性化させる掲示物の例

前回の児童会集会活動のプログラム，写真を掲示

児童会掲示板に代表委員会や各委員会からのお知らせを掲示

昨年度の児童会の活動記録を月ごとに掲示

児童会活動のチェックリストの例

項　目	チェック欄
児童会活動は，児童の計画が生かされ，児童が実践する活動になっている。	
児童会計画委員会が設置され，話合いの時間が確保されている。	
代表委員会と委員会活動を別の時間に実施している。	
代表委員会を月1回程度実施している。	
委員会は，児童の発意・発想が生かされるように設置している。	
委員会活動は，1年間を通して所属し，児童による年間活動計画が作成されている。	
児童会集会活動の指導計画が作成されている。	
児童会集会活動の時間が確保され，学期に数回程度，実施している。	
活動後に振り返る活動を取り入れ，次の活動に生かしている。	
児童会活動の掲示板が設置され，児童会だより等や委員会からのお知らせが掲示されている。	
年度末に全職員の意見を出し合い，次年度に向けて活動の見直しをしている。	

クラブ活動

クラブ設置のポイントは？

クラブ活動は，異年齢の児童による自発的，自治的な活動を通して，共通の興味・関心を追求する活動であることを踏まえ，児童の希望を尊重した組織づくりをします。

1 クラブ活動の組織づくり

児童が設置してほしいクラブを調査して，児童の希望を尊重し，学校の職員数や設備等を考慮しながら設置クラブを決定します。

1	設置クラブの調査（3月中）	○主として4年生以上を対象に設置したいクラブの希望調査を実施する。新たに設置したいクラブも希望してよいことを伝える。およその活動内容を想定して示す。
2	クラブの設置	○児童の希望を尊重し，学校の職員数や設備等を考慮し，自発的，自治的な活動の範囲で行えるクラブを設ける。 ○児童の希望だけでなく，地域や学校の特色，伝統も考慮する。
3	所属の調整と決定	○希望調査を実施し，状況に応じて調整する。
4	人数調整とクラブ所属の決定	○児童の希望を尊重しながら，異年齢集団による活動が効果的に行われるように配慮する。

費用の負担がかかる場合は必ず管理職と相談し，事前に保護者に連絡する。

2 所属決定の参考になるクラブ見学

クラブ見学は，次年度からクラブ活動が始まる学年を対象に行います。
クラブ見学の際には，クラブ名と活動場所を示したクラブ見学カードを用意し，感想を記入できるようにします。

★見学の仕方の工夫（例）
○全クラブを見学した後に，興味をもったクラブを再度見学する。
○見学だけでなく，実際に体験する。
○各クラブ長の児童から活動内容やよさの説明を聞く。
○生活班などのグループで見学する。
○各クラブからの説明等が記載された「見学のしおり」を活用する。
○運動系・文化系と2回に分けて見学する。

●オリエンテーション

クラブ活動のオリエンテーションでは，次のようなことについて，教職員が十分に共通理解したうえで説明するようにしましょう。

①原則として，児童が入りたいクラブを希望したり，やりたいことを計画して活動したりすることができる。
②趣味や興味が同じ友達と一緒に活動できる。
③違う学年の友達と活動して仲よくなれる。
④がんばってきたことやアイデアを生かして，全校や地域の人々に発表することができる。

所属人数が適切な数を超える場合は施設・設備の面で活動できなくなることを児童に伝え，自主的に他のクラブへ変更することを促します。それでも調整できない場合は，高学年優先など，各学校の約束に基づいて，クラブ担当者が調整します。

組織づくりでは，児童の自主的な選択を尊重するための様々な工夫が考えられます。

例えば，年度末に，まず高学年の児童が設置したいクラブを考えて紹介し，希望者を募ります。次に期間を決めて，設置クラブ一覧表を掲示し，希望するクラブに児童が自由に名札を貼っていきます。そして掲示期間の最終日に，人数などの条件を満たしているものがクラブとして成立します。

また，体育館に一堂に会して所属を決める方法などもあります。

指導計画を全教職員で共通理解しておき，前年度に学校行事として位置付け実施します。クラブ活動を始める前の学年の全児童が全てのクラブを見学できるようにします。

〈クラブ活動の設置（内容）の望ましくない例〉
①教師の趣味や特技がそのままクラブ活動になっている。
②極端に教科的な色彩が濃い。

クラブ活動

クラブの計画や運営をスムーズに進めるためには？

「クラブの計画や運営」とは，クラブの成員がクラブの目標の実現に向け，話し合って意見をまとめたり，計画を立案してその運営に当たったりすることです。活動計画を立てることにより，全員が見通しをもってスムーズに活動に取り組めるようにします。

1 児童の話合いと活動の時間の確保

クラブ活動が意欲的に行われるようにするには，児童が，思いや願いを出し合って十分に話し合い，その結果が活動計画に反映されている必要があります。そのため，クラブ担当の教師が年間の活動日を示しておくようにします。

クラブ活動の話合いにおいても，学級会の計画委員会に対する指導と同じように，クラブ担当の教師が事前にクラブ長と話合いの流れの予想，運営の仕方などの見通しを立てることが必要です。

2 年間活動計画と1単位時間の活動計画

1 年間の見通しをもつ年間活動計画

年度当初にクラブに所属する児童全員の話合いによって活動内容，役割分担，めあて等を決めます。

● 年間活動計画の例

(バドミントン)クラブ　　1年間の活動計画				
クラブのめあて みんながバドミントンを楽しむために，おたがいに声をかけ合って楽しく活動する。				
クラブ長 ○○○○　副クラブ長 ○○○○　記録 ○○○○　活動場所 ○○○○				
学期	回数 (日にち)	活動内容		準備するもの
1	1回目 (4/16)	自こしょうかい　役わり分たん（クラブ長，副クラブ長，記録）めあて決め，グループ決め　時間があれば試し打ち		筆記用具
	2回目 (4/23)	ペアで打ち合い		ラケット シューズ
	3回目 (5/14)	ペアで打ち合い 練習試合		ラケット シューズ
3	20回目 (2/25)	クラブ発表会		ラケット，シューズ 発表用の道具
	21回目 (3/4)	まとめ		筆記用具

クラブ活動のねらいを達成するために，時間割や年間行事予定にクラブ活動を位置付け，年間や学期，月ごとなど適切に授業時数を充てるなど計画的，継続的に実施できるようにします。

学校の実態によっては1回の活動時間を60分間に設定することも考えられます。

2 1単位時間の活動計画

児童が見通しをもってクラブ活動に臨めるように，事前に1単位時間の活動計画を作成しましょう。

次回の活動をお知らせする方法として，次のようなことが考えられます。

①活動計画をクラブ掲示板に貼る。
②活動計画を印刷して児童に配布する。
③校内放送で伝える。

● クラブ掲示板を活用した例

囲ご・しょうぎクラブ	
第 11 回 囲ご・しょうぎ クラブ	
活動日	10月12日(水)
持ち物	筆記用具
お知らせ	しょうぎは五だんで，囲ごのこともよく知っている特別ゲストの○○さんに教えてもらって，つめしょうぎの練習をします！

103

クラブ活動

「クラブを楽しむ活動」を，よりよい活動にしていくには？

「クラブを楽しむ活動」では，児童が興味・関心を追求しながら，自分たちが計画したことを実現できる満足感や学級・学年が異なる仲間と協力して活動を進められた喜びを感じることができるようにします。さらに，次に生かせるように活動記録カードの活用の仕方を工夫します。

1 クラブ成員の協力と創意工夫

児童一人一人がクラブ活動を十分楽しめるようにするために，上級生が下級生を思いやり，下級生が上級生に尊敬やあこがれの気持ちをもてるように支援します。そして，学年・学級の枠を超えて仲よく協力し，信頼し合えるような活動を促します。

例えば，発達の段階や経験の違いによる技能差が大きくならないようにルールや実施方法を工夫したり，個人的な活動になりやすいものは，共同制作などを取り入れたりするように助言します。

また，活動の時間を十分に確保したり，活動記録カードの活用の仕方を工夫したりすることで，自主的，計画的な取組につながります。

2 多様な活動の視点

◆クラブ活動の時間以外にも活動を広げる視点
　○イラストクラブが，運動会のポスターを作成する。

◆クラブの成員以外にも活動を広げる視点
　○ミュージッククラブとダンスクラブが合同で活動するなど，他のクラブと交流する。
　○ドッジボールクラブが，参加者を募って休み時間に対抗試合をする。

◆クラブの活動内容を広げる視点
　○サッカークラブが，活動内容に関わる室内でできる運動について話し合い，実践する。

3 活動記録カードの活用

よりよい活動にしていくため，活動記録カードを活用し，活動を振り返り，次に生かします。クラブ活動の終末の時間を利用して，5分程度で自分の活動の振り返りなどの感想や自己評価を記入し発表し合うようにします。

● 児童の自主的，計画的な取組を促す活動記録カードの例

異年齢の集団であるクラブが興味・関心をより深く追求できるよう，児童の発想や発案に基づいて取り組むことが原則ですが，クラブ担当の教師が適切な教育活動となるように児童と十分に話し合うことが大切です。

活動記録カードをクラブファイル等にまとめていくことで，児童が活動の成果や自分の書いた感想から，自身の成長を実感できます。

学期の初めにクラブのめあてや自分のめあてを決めます。具体的なめあてをもつことで，活動意欲が高まり，振り返りにも役立ちます。

自己評価の観点は，各学校の実態に応じて設定します。各クラブに応じた観点が加えられるように，空欄を設けることも考えられます。

〈学期末の振り返りの観点〉
・めあてに対してできるようになったこと
・クラブの友達と一緒に活動して思ったこと
・今学期のクラブ活動で成長したと思うこと
・今までのことを生かして，次学期のクラブ活動でがんばりたいと思うこと

「クラブの成果の発表」の仕方は?

「クラブの成果の発表」とは，児童が共通の興味・関心を追求してきた成果を，クラブ成員の発意・発想による計画に基づき，協力して全校の児童や地域の人々に発表する活動です。様々な機会を生かして発表の場を設定し，児童の活動意欲を高めるようにします。

1 クラブの成果の発表方法

クラブ活動の内容としてクラブの成果の発表があります。その方法としては展示や映像，実演による発表などを行う「クラブ発表会」などが考えられます。そのほかにも適宜行う次のような発表も考えられます。

- 児童会が主催する全校児童集会で
- 運動会や学芸会などの学校行事で
- 校内放送や映像，校内展示で

学校の実態に応じて，学期ごとなどに様々な機会を生かして発表の場を設定することは，児童の活動意欲を高める上で望ましいことです。

クラブ活動の内容や成果を互いに見合うことは，児童の活動意欲を高めることにつながります。クラブ発表会を年間行事に位置付けておき，クラブ担当の教師は，児童が発表会に向けて計画的に準備を進めたり，運営したりできるように支援します。

また，保護者や地域の人にもクラブ発表会を公開することで，クラブ活動についての理解が深まり，協力や連携がしやすくなります。

クラブ発表会のための練習
- 準備もクラブの時間内に行います。
- 一部の児童だけではなく全ての児童が参加できるようにします。

2 クラブ発表会の指導計画

年間活動計画には，クラブ発表会や発表練習なども位置付けておきます。クラブ発表会は，次年度のクラブのオリエンテーションの機会となり，クラブを選ぶ際の参考にもなります。

● 指導計画の例

ねらい	・活動の成果を認め合えるようにする。 ・クラブ活動への関心・意欲を高め，次年度のクラブ選択の参考とする。		
日時 場所	2月26日(金)第5校時 体育館	参加対象	全児童
準備・運営	代表委員会を中心に各クラブ長との連携		
内容	①始めの言葉　　　②代表委員のあいさつ ③各クラブの発表　④3年生の感想発表 ⑤校長先生のお話　⑥終わりの言葉		
発表方法	・実演発表・映像を使っての発表・作品発表(ステージ) ・作品や活動資料の展示(体育館後ろや側面の壁等) ※各クラブが出入りも含め5分以内で発表する。		
役割分担	・司会進行　・プログラム　・放送　・会場　・記録 ・クラブ紹介ポスター作成　・児童会だより発行		
その他	・ビデオ発表　　2月3日，4日の給食時間に放送 　(1月のクラブ活動の時間に撮影)撮影計画は別紙にて ・展示発表　　発表会翌日から，1週間展示　　児童昇降口 　各クラブで責任をもって，2月27日までに展示する。 　3月7日，片付け(料理，手芸，陶芸，マンガ，工作)		

〈児童の自発的，自治的な活動の例〉
- 各クラブの活動を紹介したパンフレットを作る。
- 内容については，クラブ長も含めた代表委員会で話し合う。
- 保護者や地域の方を招待する。
- 給食の時間等に，活動の様子の映像やクラブ長からのコメントなどを校内放送で流す。

パンフレットを作っている様子

料理クラブなど，実物の作品が展示できないクラブは，写真やビデオなどの記録に残しておき，それを展示したり映像を流したりする方法も考えられます。

クラブ活動

外部講師等の活用は？

　クラブ活動に，地域の実態や特色を考慮して，外部講師や地域の教育力の活用を取り入れることが考えられます。その際，児童の自主的な活動であることを踏まえ，児童がつくる活動計画に沿って活動することを外部講師に伝えます。

　外部講師を依頼する際には，「募集」「顔合わせ」「打合せ」「実際の活動」等のおおまかな流れを示し，担当教師とスムーズに連携が図られるようにします。育成を目指す資質・能力や，年間計画，活動内容や協力してほしいこと，児童の実態等についても知らせます。

外部講師活用のおおまかな流れ

準備	→	呼びかけ 募集	→	顔合わせ 打合わせ	→	実際の活動	→	児童との顔合わせ	→	お礼の指導
活動計画を基に，講師が必要となるクラブを選定する。		学校だよりやPTA組織等を活用して，人材を募る。		クラブ活動の意義や活動内容，年間計画，変更や欠席の場合の連絡方法等を確認する。				児童があこがれや尊敬の気持ちをもてるように出会いを演出する。		事後に，手紙や寄せ書き等を渡すなど，感謝の気持ちとともに今後に生かすことや抱負を伝える。

　クラブ担当の教師が外部講師との連携について定期的に振り返り，児童の自発的，自治的な活動が展開できるようにします。

◆外部講師と打合せをする内容（例）
○クラブ活動は，児童の発意・発想を大切にし，児童が話合いによって進めていくものであり，技能の習得だけが目的ではないということを十分に伝える。
○年間活動計画，活動内容の概要，活動期間（実施日時），活動にかかる費用を確認する。
○プライバシーに配慮して，児童の状況や留意する点を伝える。
○活動内容や変更や欠席の場合の連絡方法を確認する。

クラブ活動のチェックリストの例

項　目	チェック欄
年間，学期ごと，月ごとなどに適切な授業時数を確保し，年間を通じ継続して活動している。	
クラブ活動の意義について，全職員で共通理解を図り，児童に指導している。	
児童の発意を基本とし，設置・所属の段階から児童の思いが反映できるようにしている。	
毎回の流れを児童と確認するなどして，児童が見通しをもって参加できるようにしている。	
児童が中心となって，年間活動計画を作成している。	
児童だけに活動を任せずに，安全に留意して指導している。	
異学年，同学年の児童の人間関係が深まる活動になっている。	
発達の段階や経験の違いによる技能差に留意している。	
児童が記入するクラブ活動記録カードを活用している。	
多面的な指導と評価を行うため，クラブ活動における評価を担任に返し，共有している。	
活動の終末に振り返る活動を取り入れ，次の活動に生かしている。	
クラブ発表会等を実施し，クラブの活動や成果を発信している。	
児童が生き生きと活動する姿を，下学年児童，保護者や地域の方に発信している。	
学校や地域の特色を考慮して，家庭や地域の人々と連携している。	
年度末に全教職員で意見を出し合い，次年度に向けて内容の見直しをしている。	

学校行事

- 学校行事でつくる特色ある学校文化とは？ ……………… 108
- 実践力を育てる防災訓練とは？ ……………… 109
- 児童の成長を促す集団宿泊活動とは？ ……………… 110
- 効率的で効果的な学校行事の指導とは？ ……………… 111
- 児童の意欲を高める事前指導とは？ ……………… 112
- 児童の意欲を高め，自信をもたせる指導とは？ ……………… 113
- 成長を確かめ，次につなげる事後指導は？ ……………… 114
- 学校行事の年間指導計画の作成とは？ ……………… 115
- ◆学校行事のチェックリストの例／日常生活に生かす工夫 ……… 116

| 学校行事 |

学校行事でつくる特色ある学校文化とは？

学校行事は学校の教育方針を反映させたり，地域の伝統を受け継いだり，教科等の学びを学校として総合的に活用したりするなど，体験的な活動を通して学校生活のさらなる向上を目指すことができます。

学校行事は，種類によってねらいや取り組み方，指導するポイントが異なります。例年，実施手順を確認するだけでなく，指導の内容とねらいを，全校でしっかりと共通理解して臨みましょう。

さらに，学校行事に各教科等の学びや地域の特色，異年齢による交流活動などの要素を取り入れて，深い学びにつなげることが大切です。

① 学校の創意工夫や地域等の実態を生かす

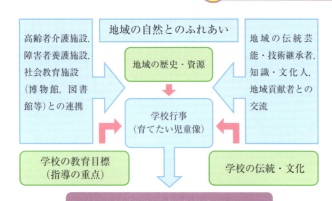

学校行事では，各学校の伝統や文化を生かしたり，地域の歴史や資源を取り入れたりして活動を展開します。そうした学校の伝統や地域の特色を生かした，学校独自の活動が特色ある学校づくりや学校文化の創造につながります。

また，学校の教育目標や指導の重点の実現を意図して学校行事を実施することも，特色ある学校づくりの推進につながります。

〈教科等を生かすポイント〉
・カリキュラム・マネジメントを工夫し，学校行事における活動の中で，その教科のねらいを達成できるようにします。
・教科等で学習したことの発表だけにならないように，その学校行事で育てたい資質・能力を明確にして指導します。

〈地域を生かすポイント〉
・地域の方を招いて，地域に伝わる獅子舞などの踊りを習い，地域の文化を価値付けます。
・児童会やクラブ活動，学年等との関わりを生かして，地域と学校行事を関連付けます。

〈異年齢交流活動を生かすポイント〉
・全校遠足の約束や，みんなで遊ぶゲームを異年齢で話し合って決め，どの学年にも役割をつくります。
・上学年へのあこがれや，下学年への思いやりなどを手紙などで交流し，互いに実感できるようにします。

② 教科等との関連を生かす

● 例：文化的行事（展覧会・学習発表会・学芸会）

学校行事を各教科等で学んだことの発表の場として使います。例えば，総合的な学習の時間に取り組んだ養蚕学習と，そこから取れる絹糸の作品や繭玉人形を作品展で展示したり，社会科や理科で学んだ環境についての課題を劇にして学芸会で演じて，地域や保護者に提言したりすることが考えられます。

③ 地域との関連を生かす

● 例：健康安全・体育的行事（運動会）

例えば，運動会のプログラムの一つとして，地域に古くから残っている踊りなどの伝承文化に学校で取り組むなど，地域とつながりながら，児童に自分たちの住む地域についての文化を学ぶ機会をつくります。

④ 異年齢による交流を生かす

● 例：遠足・集団宿泊的行事（全校遠足）

全校で取り組む学校行事は，異年齢による交流の効果的な時間です。例えば，遠足において，異年齢で一緒に取り組めるものを取り入れるなどの工夫をすることで，学校独自の文化となる学校行事を実施することができます。

清掃や交流などにおいて，学校として組織した縦割班やペア学年を活用して，学校行事として実施することができます。

学校行事

実践力を育てる防災訓練とは？

　地震や火事，不審者の発生，異常気象など，不測の事態に備える教育の重要性が高まっています。そのために，健康安全・体育的行事を通して防災や安全に対する意識を高め，主体的に行動できる児童を育てることが大切です。また，家庭や地域への防災に関する啓発活動にもつなげます。

1　学級活動との関連

　防災訓練においては学級活動との関連を図ることが効果的です。
　防災を題材にした，学級活動(2)「ウ　心身ともに健康で安全な生活態度の形成」の授業の中で，実際に起きた災害の写真や，被害のデータなどを使ったり，市区町村の防災関係の方をゲストティーチャーとして招いて話を聞いたりして，自分たちの住んでいる地区の危険な場所について考えます。
　災害を自分のこととしてとらえ，過去の事例からどのような行動をとるべきなのかを，みんなで話し合い，児童の思考を広げていきます。

　各市区町村で各家庭に配布されていたり，広報誌に掲載されていたりするハザードマップや防災に関する資料を家庭から持参して，授業で活用することも考えられます。このことは家庭への啓発にもつながります。

　避難訓練で，上履きのまま外へ出る場合は，玄関を掃除したり，足ふきマットを用意したりする活動を，係の仕事として委員会や高学年に任せるなど，児童の活躍の場とすることもできます。

2　避難訓練

　形骸化を防ぐために，避難訓練を予告無しで休み時間に行うなど，児童が自分で判断する機会を増やします。また，火災・地震・不審者などの様々な対応を取り混ぜ，現実に近い形にして行います。地震と火災の両方が起こるなど，いくつかのパターンを予想して練習しておくことが大切です。
　危機対応には「初期対応」と「二次対応」があります。地震の初期対応の後，津波や土砂崩れに備えて，第二次避難所への避難訓練もしておくようにします。

　各学校の防災計画に，「二次対応」の方法が示してあるか確認しておきます。その際，全国地震予測地図などの正しい情報を参考に第二次避難場所を設定し，保護者へも伝えておきます。

3　引き渡し訓練（引き取り訓練）

　児童だけでの帰宅が危険な場合は，保護者への引き渡しを行います。日頃から，引き渡し名簿，保護者が来るまでの待機場所，職員の体制，定期的な服薬の必要のある児童など，配慮が必要な児童の名簿などを確認しておきます。

4　地域と連携した防災訓練

　防災は地域全体のものとし，児童に地域の中で自分が役に立てることを考えさせ，実行できるようにします。また，防災訓練を土曜日などに設定して保護者や中高生なども参加しやすいように工夫します。
　消防署など関係機関とも連携をとり，本格的な防災訓練に取り組むことも考えられます。

〈防災倉庫の非常食の管理〉
　3年保存のパンの缶詰と水を毎年入れ替える際は，児童が家庭に持ち帰るなどすることで，学校行事をきっかけに家庭での防災意識も高めることができます。

109

学校行事
児童の成長を促す集団宿泊活動とは？

日常とは異なる環境で共同生活を行う活動は，人間関係を築く力や規範意識，協働して課題を解決する力などの児童の資質・能力の育成につながります。集団の生活をする活動は，一生忘れられない思い出になったり，これからの生活の支えになったりと高い教育的効果が期待できます。

❶ 長期集団宿泊活動の実施を通して期待される，一般的な成果

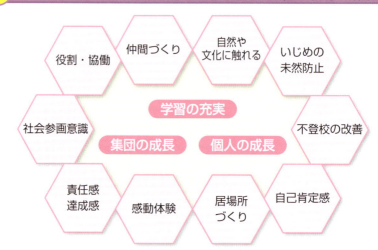

〈実施日数について〉
○長期集団宿泊活動の中では，児童は自分たち相互の関わりを深め，互いをよく理解するようになります。そして，折り合いを付けるなどして，人間関係などの様々な問題を解決し，調整しながら生活することの大切さを実感できるようになります。また，宿泊数が伸びるほどその効果は上がります。
　『小学校学習指導要領解説 特別活動編』には「一定期間（例えば1週間（5日間）程度）にわたって行われることが望まれる」と示されています。
○5年生で4泊5日，6年生で6泊7日など長期の集団宿泊活動を実施している学校や地域もあります。自然体験や農作業体験，民宿での共同生活体験，郷土料理作りなどを行っています。また，複数学年で1泊2日や2泊3日の集団宿泊活動を実施している地域もあります。

❷ 自然の中での体験活動から期待できる教育的効果

自然の中や農山漁村等における集団宿泊では，通常の学校生活ではできない教育活動（自然体験・文化体験）を取り入れることができます。そしてその時間が長いほど，様々な効果が高いという結果が出ています。

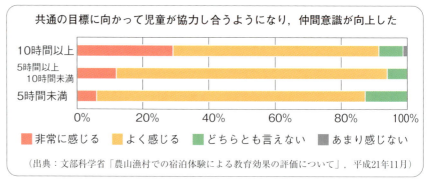

（出典：文部科学省「農山漁村での宿泊体験による教育効果の評価について」，平成21年11月）

自然体験に関わる時間が多いほど，以下の項目における肯定的な回答の割合が上がります。
- 自発的，自治的に行動しようとする。
- すすんで係の仕事や当番活動に取り組む。
- 相手の言うことをよく聞き，理解し合い，思いやるようになる。　など

〈道徳的実践の重要な学習活動の場として〉
・安全に気を付け，生活習慣を見直し，節度を守って生活する。
・お世話になった宿や施設の方への感謝を表す。
・自分や他の人の権利を大切にし，自分の役割を果たす。
・自然の偉大さを知り，自然環境を大切にする。

❸ 教育的効果を高める指導のポイント

- 現地で児童の話合いの時間と場をつくり，課題解決をさせることで，自発的，自治的な活動につながります。
- 農家の仕事を体験したり，自分たちで作って食べたりする体験は，職業観・勤労観の育成や食育につながります。
- 教科横断的な学習は，事前に児童の調べ学習などを十分に行うことで，学校での学習との連続性をもたせることができます。

学校行事

効率的で効果的な学校行事の指導とは？

学校行事を進める際には，教育的効果を保ちながら効率的に進めることが大切ですが，各学校行事のねらいを踏まえ，育てたい資質・能力の確かな育成が重要です。

　学校行事は，児童の自主的，実践的な態度を育てる場でもあります。指導時間の短縮のための教師の教え込みだけでつくりあげるのではなく，児童自身がつくり出す難しさや苦しさを体験できるようにします。

　学校行事では感動を味わうことも重要です。児童の主体的な活動に十分時間をとり，自分たちでやりきったという感動を味わえるようにします。

❶ 教科等と関連付けて，計画的に実施する

　学校行事の実践の中で，各教科等と関連付けて，深い学びにつなげていくことができます。その際，効率的な指導が行えるように，各教科等の指導時期と学校行事の実施時期を近付けるなどの工夫をしておきます。

- 「体育科」での表現運動や陸上運動等の成果を運動会で生かす。
- 「音楽科」で学習した歌や演奏を学芸会の挿入歌として使う。
- 「理科」や「社会科」の学びを集団宿泊活動で実際に体験する。
- 「図画工作科」や「家庭科」「生活科」「総合的な学習の時間」で作ったものを作品展で展示し，地域や保護者に披露する。

❷ 各学校行事の関連・統合により充実したものにする

　1回の学校行事の中に，複数の行事の要素を取り入れることも考えられます。その際には，各学校行事の目標が達成できるようにします。

（例）遠足・集団宿泊的行事＋勤労生産・奉仕的行事
- 遠足で公園を訪れ，楽しんだ後，公園の掃除等を行う。

（例）儀式的行事＋文化的行事
- 周年行事における音楽会を記念音楽会とし，全校や各学年の演奏を取り入れる。

❸ 保護者・地域の協力を得る

　学校行事には，保護者や地域の方の参加を得たり，活動の様子を見てもらったりする機会がたくさんあります。保護者や地域の方に，生き生きと学び大きく成長する児童の姿を知ってもらうことは，学校に対する信頼を得ることにつながります。

　また，学校行事においては，家庭や地域の協力を得たり，社会教育施設を活用したりすることで，体験的な活動を効果的に展開できるようになります。その際，効率性を心掛けて綿密な打ち合わせを行う必要があります。

　目的やねらい，内容，方法，手段など，あらかじめ話し合う項目を整理しておくことで，短い時間で大事なことを落とさないようにすることができます。

　活動後には情報交換を行い，活動の成果や児童の感想などを伝えたり，協力していただいた方からの意見を次の連携に生かしたりします。

- 運動会のテントや，学芸会の会場の片付けなど，人手のかかるところで協力を依頼する。
- 学芸会や運動会の衣装や小道具の作成の協力を依頼する。　　など

児童の主体的な活動の例
　運動会の応援方法を児童が考えて，全力でやりきる姿は，見ている仲間にも感動を与える。

運動会練習の効率化の例
　運動会の入退場は，特別に練習の時間をとらなくても，4月から朝会で教室に移動する時に校庭を行進し，運動会に生かすことができるようにする。

学芸会（学習発表会）準備の効率化の例
　演技のための大道具は作らず，ひな壇を活用して工夫する。

学校行事

児童の意欲を高める事前指導とは？

学校行事の成果を上げるためにはオリエンテーションなどの事前指導が大切です。活動の手順だけを指導するのではなく，活動の目的や内容等を伝えて，児童が意欲をもって主体的に取り組めるようにします。

〈事前指導の前に，教師の共通理解が重要〉
オリエンテーションの指導時には，以下の3点を全ての教師が共通理解しておきます。
・学校行事のねらいを明確につかむ。
・児童に育てたい資質・能力を確認する。
・育てたい児童の具体的な姿を明らかにする。

〈どの学校行事でも大事な3つの視点〉
・仲間と協力すること（人間関係形成）
「友達のがんばる姿を認める」
「協力して，一人ではできないことをやり遂げる」
・学校をよりよくすること（社会参画）
「認め合って，居心地のよい楽しい学校をつくる」
「地域や保護者に誇れる学校をつくる」
・自分の成長のこと（自己実現）
「自分の目標に向かって努力する」
「自分のよさを生かして役割を果たし，みんなの役に立てるようにする」

〈学校行事は事前から事後までの一連の活動〉
学校行事の学びは当日だけではありません。事前指導の段階で，振り返りをするときの視点を指導しておきましょう。

1 児童の意欲を高めるオリエンテーション

オリエンテーションでは，何のために活動するのかという行事の目的と日時や活動内容を伝えます。

さらに，学校行事を通してどんな力を付けたいのかを児童自身が考える時間をつくりましょう。どの学校行事でも共通して指導するべきことがあることから，一年を通して繰り返し指導していくことが大切です。

○各学校行事にはそれぞれに合ったねらいがあります。各学校行事で取り組む意義を児童にしっかり伝えましょう。（教師のねらいと児童のめあての例）

始業式のねらい	運動会のねらい	集団宿泊のねらい
・学期ごとの具体的な目標をもって生活できるようにする。 ・全校でその場にふさわしい行動ができるようにする。	・自分の目標に向かって，努力する力を付ける。 ・自分の仕事に責任をもってやり遂げるようにする。	・普段ではできない自然の体験をして，たくさんのことを学ぶ。 ・友達と協力しながら生活する力を付ける。

始業式のめあて	運動会のめあて	集団宿泊のめあて
・姿勢よく立って，体を朝礼台に向けて，校長先生の話をしっかり聞く。 ・全校児童の手本となる行動をとる。	・指の先まで伸ばして，笑顔で踊りきる。 ・児童係として1，2年生が運動会を楽しめるように優しく接する。	・保健係として，みんなが健康でいられるように，気を配る。 ・みんなと友情を深め合って，最高の思い出をつくる。

2 児童会における話合い活動や児童の発意・発想を取り入れる工夫

児童の意見や希望を実施計画に反映させられる学校行事の際には，児童の自主的な活動を可能な限り行えるように工夫していきます。そうすることで児童が積極的に参加し，より楽しい学校行事になっていきます。特に，児童会活動との連携を密にして，学校行事の一部を児童が分担し，自主的にその運営に当たることができるようにします。

■ 運動会に児童の発意・発想を取り入れた実践例

運動会では，各委員会を中心にした児童の発意・発想が生かせる機会を設けることで，自分たちでつくりあげた運動会という意識が高まります。
・掲示委員会～1，2年生のデザインを生かした入退場門を作成する
・放送委員会～各学年の演技などの見どころを伝える放送を流す
・保健委員会～擦り傷などの軽いけがのときの対応ポスターを掲示する
・運動委員会～全校競技を構想し，全校へ指導して実施する
・広報委員会～運動会特集号の新聞を作成する

学校行事

児童の意欲を高め，自信をもたせる指導とは？

当日は児童自身が，それまでがんばってきたことを発揮できるようにし，互いに思いやりの気持ちをもち，よさやがんばりを認め合えるようにします。

当日の朝・・・児童の意欲を高め，自信をもたせる

ねらいの確認
- 学校行事を何のために行うのか，これを成功させたら，どんな自分になれるかを具体的にイメージできるようにする。

見通しをもつ
- 一通りの流れを確認して，困ったことがあったときの対処の仕方を伝えておく。

意欲を高める
- 仲間意識を高めて，一体感をつくる（円陣を組んで声を出すなど）。
- 自分一人ではないことを指導する。

・教師は，必要な道具の予備を準備しておく。
・困ったことがあったときは，臨機応変に友達とカバーし合うことを伝えておく。
・緊急事態に備えて，教師同士の役割分担を即時に行えるように，事前打合せをしておく。
・教師は常に明るく声を掛ける。

活動の中で・・・児童の活動を見守る

見守る
- 児童の活躍を笑顔で見守る。
- 緊張で体調不良を起こす児童が出るなど，不測の事態に備える。
- 拍手をしたり，声を掛けたりするなどして応援する。

最終段階で・・・児童の活動を価値付ける

認める
- 成功失敗にこだわらず，児童の努力を認める。
- 児童の成長そのものを，児童と共に喜ぶ。

● 学校行事終了後の教師の声掛けの例

卒業式（在校生）
- 5年生の姿勢がとても立派で会場の雰囲気がよくなりました。みなさんの本気が伝わってきました。
- 心を込めて歌っている姿が会場の人たちの心を打ちました。

運動会
- 6年生の真剣な演技は，下の学年のみんなに運動会の在り方をしっかりと伝えることができました。
- 応援団の力強い活躍が，全校児童を盛り上げてくれました。

音楽会
- 練習のとき以上に音がそろっていました。心配していたところもうまくいきました。
- どの係も責任をもってできていて頼もしいと思いました。

集団宿泊活動
- 今日までたくさん準備と練習をしてきました。一人一人のしっかりした働きで，大成功でした。学年が一つにまとまったと思います。

大掃除
- 学校中がきれいになり気持ちがいいですね。全員が自分の担当を責任もってこなし，さらに早く終わった人が手伝っていて，うれしくなりました。心の中もピカピカです。

> 学校行事

成長を確かめ，次につなげる事後指導は？

振り返りをするときに大切なことは，事前に立てた自分やみんなの目標にどれだけ近づけたのか，自分は何を学んだのか，この体験を次の学習にどう生かすかなど，しっかりと振り返る視点を児童に示しておくことです。

① 振り返りの視点（例・運動会）

当日だけでなく，一連の活動となるようにするために，各活動を振り返る視点も大切です。それが，活動のよさと課題を見付け，感謝の気持ちや，もっとがんばりたいという気持ちにつながります。

自分のこと
- 審判係として，間違えないように注意しながら活動できた。
- 道具準備のとき，5年生にも声を掛けながらできたら，もっとよかった。
- 小学校最後の演技を，全力でやりきった。

友達のこと
- ○○さんが，リレーで転んだとき，みんながんばれと励まして，最後まで走ることができた。
- もう勝てないと思ったときにも，△△君は「あきらめない」と最後までがんばっていた。

集団のこと
- 全校で応援が盛り上がった。どの学年もがんばっていた。こんな学校にいることができてうれしい。
- 最後は低学年が疲れていたけれど，中学年が励ましながらやっていてえらいなあと思った。

今後の活動に生かすこと
- 卒業までにみんなでがんばることを決めて，やりとげたい。
- つらいときに声をかけ合う6年○組になりたい。
- これからも仲間を信じて，いろいろなことに挑戦したい。

② 振り返ったことをまとめて，生活の中で生かす

運動会の事前指導で立てた目標に沿って振り返りを行います。学校行事の記録のファイルを事前指導や普段の練習で少しずつ書きためていくと，振り返りが具体的なものになり，自分と自分たちの成長を確認することで，これからの生活へ生かすことができるようになります。

- 人と比べず，自分のよさを見付けましょう。（自己実現の視点）
- いろいろな友達とよさを認め合い，協力して学校行事をつくったことを思い出しましょう。（人間関係形成の視点）
- 家族にも参加してもらうことで，学校への関心を高めましょう。

○自分の目標にどこまで近付けましたか。
○学年・学級の目標にどこまで近づけましたか。友達はどんな活やくをしていましたか。
○おうちの方から

思い出の一枚

○これからの生活に，何をどう生かしますか。

- 集合写真などでもよいです。低学年なら思い出の場面の絵を描けるように，大きくしてもよいでしょう。
- オリエンテーションで指導した，学校行事の意義と重ねて，今後の生活で生かす場面を具体的に考えて書きます。（社会参画の視点）

③ 振り返りをこれからの課題解決へ活用する

振り返りで明らかになった課題を次の学級会の提案理由や，学級活動（2）（3）の導入に使うなど，学級での指導へ活用します。

学校行事

学校行事の年間指導計画の作成とは？

五つの種類の学校行事については，全ての学年で実施します。学校や地域の特色を踏まえ，年間を見通し，必要に応じて内容の重点化を図るなど，全教職員で関わって学校行事の年間指導計画を作成します。

年間指導計画の作成

年間指導計画作成では，組織としての協力的な指導体制を確立して指導に当たるために，以下のことに注意します。
1. 全教職員で関わって作成します。
2. 毎年検討を加え，学校の実態に応じて改善を図ります。
3. 家庭や地域の方との連携を考慮して作成します。

〇年間指導計画に示す項目
1. 各学校行事のねらいと育てたい資質・能力
2. 五つの種類の学校行事ごとの実施時期と内容及び授業時数
3. 学級活動や児童会活動，クラブ活動，各教科等との関連
4. 評価の観点　など

「勤労生産・奉仕的行事」については，総合的な学習の時間で，ボランティア活動や栽培活動を行うことによって代替することが考えられます。その際，「勤労の尊さ」と「生産の喜び」の両方を体得できるかどうか，確認する必要があります。

〇学校行事の年間指導計画の例

作成に当たり，他の教育活動などとの関連を意識するとともに，児童の自主的，実践的な活動が促進されるようにします。

種類	儀式的行事	文化的行事	健康安全・体育的行事	遠足・集団宿泊的行事	勤労生産・奉仕的行事	他の教育活動との関連
ねらい	生活に変化や折り目を付け，厳粛で清新な気分を味わい，新しい生活への動機付けとする。	学習活動の成果を発表し，よりよい自分をめざしたり，文化や芸術に親しんだりする。	健康で安全な生活のための行動を身に付けて，運動に親しみ，責任感や連帯感を伸ばし，体力向上を目指す。	いつもと異なる環境で見聞を深め，自然や文化に親しむとともに，よりよい人間関係を築くための体験を積む。	勤労の尊さや，ボランティアの精神を養う体験をする。	
4	始業式(全)[0.5] ・進級の喜びを感じ，これからの生活への意欲をもつ。 入学式(1，6年)[1] ・清新な気持ちを味わい，小学生になった自覚をもつ。 ・最高学年として新入生を温かく受け入れる。 離任式(2～6年)[1] ・お世話になった方への感謝の気持ちを伝える。	対面式(全)[1] ・一年生を迎え，新しい仲間を歓迎する気持ちをもつ。 ・〇〇小の一員として，これからの生活に希望をもつ。	避難訓練(全)[0.5] ・地震時の安全な行動様式を身に付ける。 引き渡し訓練(全)[1] ・保護者への引き渡しの手順を確認し，確実な引き渡しができるようにする。 健康診断(全)[1] ・自分の健康に関心をもつ。 交通安全教室1,2年[1] ・安全な道路歩行の方法を学び，確実に行動できるようになる。	遠足(1，2年)[5] ・公共の場での行動の仕方を身に付ける。 ・友達と仲よく行動する。		・道徳科(希望と勇気，努力と強い意志) ・道徳科(感謝) ・学級活動(2)ウ ・保健(けがの防止) ・道徳科(友情・信頼，規則の尊重)
5		芸術鑑賞教室(全)[2] ・管弦楽団の演奏を聴き，音楽の楽しさを味わう。	自転車安全教室(3，4年)[1] ・安全な自転車の乗り方を身に付ける。	自然の教室(5年)[18] ・生活を共にし，時間を守り，自主的に行動することができるようにする。 ・自然の中での体験活動を通して，自然に親しみ，協力することの大切さを学ぶ。	地域清掃活動(全)[2] ・自分たちの生活する町を自分たちの手できれいにすることの価値を知る。	・理科(生命・地球) ・音楽(鑑賞) ・道徳科(勤労・公共の精神) ・総合的な学習の時間
3	卒業式(5，6年)[2] ・6年間の成長を実感し，中学への希望をもつ。 修了式(1～5年)[0.5] ・1年間の成長を実感し，次の学年への希望をもつ。	クラブ発表会(全)[1] ・1年間の成果を発表し合い，自らの成長を確かめると共に，次年度への意欲をもつ。	避難訓練(休み時間，予告なし)(全)[0.5] ・休み時間に発生した火災時の安全な行動を，自主的に判断し避難する。		校内美化活動(全)[1] ・役割を分担して，協力しながら，自分たちの学校をきれいにすることの価値を知る。	・クラブ活動 ・道徳科(よりよい学校生活，集団生活の充実)

> 学校行事

学校行事のチェックリストの例／日常生活に生かす工夫

> 学校行事の充実は，学校生活に彩りを与えて豊かなものにし，家庭や地域の信頼を得ることにつながります。学校行事は毎年実施するものが多いので例年どおりの活動になりがちですが，毎回丁寧に見直し，改善を図って実施するようにします。また，学校行事の経験を日常生活につなげるようにすることも大切です。

学校行事	項　目	チェック欄
学校行事全体	学校行事の年間指導計画を児童の実態に応じて作成している。	
	各学校行事の実施計画及び事前・事後の注意を含めた指導計画を作成し，全教職員で共通理解している。	
	学校行事の種類によって，一部を児童が分担し，自主的にその運営に当たっている。	
	児童が生き生きと活動する姿を，地域や保護者に発信している。	
	異学年，同学年の児童の関係が深まる活動になっている。	
	活動の内容が児童にとって過度の負担にならないよう，発達の段階に留意している。	
	事前にオリエンテーションを行って，活動の意義を児童に伝えている。	
	児童が学校行事の記録ファイルを作成するなど，振り返ることができている。	
	活動後，全教職員へのアンケートを行い，次年度に向けた改善をしている。	
	各教科，道徳科，外国語活動及び総合的な学習の時間などの指導との関連を図っている。	
	学校行事の種類によって，一部を児童が分担し，自主的にその運営に当たっている。	
儀式的行事	厳粛な雰囲気をつくり出し，規律，気品のある行動の仕方などを身に付けるように指導している。	
	入学式，卒業式などにおいては，国旗及び国歌について正しい認識をもてるようにしている。	
文化的行事	練習や準備に膨大な時間を取ることがないように，あらかじめ適切な時間を計画的に設定している。	
	鑑賞会などは，保護者の経済的な負担が大きくなりすぎないように配慮している。	
健康安全・体育的行事	活発な身体活動を行う場合は，児童の健康や安全に留意し，事故防止に努めている。	
	避難訓練は，表面的，形式的でなく，具体的な場面を想定して行っている。	
遠足・集団宿泊的行事	あらかじめ実地踏査し，安全確認をしている。	
	参加児童の健康面の配慮事項(既往症・アレルギー等)を確認している。	
勤労生産・奉仕的行事	勤労や奉仕の尊さを体得するとともに，生産の喜びを体得するよう配慮している。	
	活動内容によっては，保護者・地域と連携した計画を立てている。	

○学校行事を通して身に付けた力を日常生活に生かす工夫

　児童が学校行事で身に付けた力は，普段の学習や学級生活で発揮したり，学級目標や個人目標に迫る実践で生かされます。

> **学校行事の体験を普段の生活につなぐポイント**
>
> ●学校行事での児童の活躍やがんばりを称賛し，それを学級生活のどこで生かせるかについて考えることを児童に促す。
> ●担任だけではない多くの教師の目で，児童の言動(協力したこと，責任を果たしたことなど)の価値付けを行い，教師の期待を伝える。
> ●学校行事で印象に残った場面や成長につながった場面を学級内で想起し合い，体験の共有化を図る。
> ●学校行事で生き生きと活躍する児童の様子を保護者に伝え，保護者の学校に対する信頼が得られるようにする。
> ●学校行事での活動の様子の写真や児童の感想文を教室に掲示することで，互いのよさやがんばりに気付くことができるようにする。

教室経営

- 学級活動コーナーの効果的な活用は？ …………………………… 118
- 活動の活性化を図る係活動コーナーの工夫は？ …………………… 120
- 学級活動(2),(3)の学習と関連を図る教室掲示の工夫は？ ………… 121
- 児童の主体的な活動につなげる校内掲示の工夫は？ ……………… 122

教室経営
学級活動コーナーの効果的な活用は？

学級や学校のよりよい生活をつくろうとする意識を高める上で、学級活動コーナーを設けることが効果的です。どの学級にも共通に設置し、創意工夫しながら活用できるようにします。

1 学級会までの見通しをもつための工夫

児童が主体的に計画・実施・運営・振り返りができるように、学級会に向けた1週間の活動の流れや次の学級会の議題などを掲示しておきます。

いくつかの議題をまとめて決めておくことも考えられます。

学期ごとの「学級会カレンダー」などを提示することも工夫の一つです。児童に、学級会を行える日を前もって知らせることで、活動の見通しをもつことができ、活動への意欲が高まります。

2 議題を集める工夫

いつでも提案できるように、議題ポストを設置するだけでなく、視点別（みんなでしたいこと、みんなで作りたいこと、みんなで解決したいことなど）に色分けした提案カードや掲示スペースを用意したり、議題例を掲示したりすることも考えられます。

環境を整え、教師が必要に応じて声掛けするなどして学級生活の問題発見を促します。議題ポストに「ニコニコポスト」など、学級独自の愛称を付けて親しみをもてるようにすることも考えられます。

どんなことが議題になるのかを掲示して、参考になるようにしています。

どんな議題案が提案されているかを視点ごとに分けて、議題ボードなどに掲示する方法もあります。

議題ポストのそばに、議題例を示しておくと効果的です。

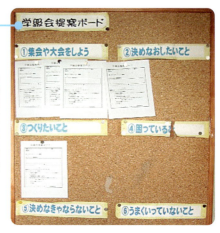

❸ 学級会への参加意欲を高める工夫

　学級会を行う上で全員が共通理解しておかなければならない「議題」「提案理由」「話し合うこと」などを，事前に提示しておくことで共通理解を図ったり，各自が自分の考えを整理したりすることができるようにし，学級会への参加意欲を高めます。

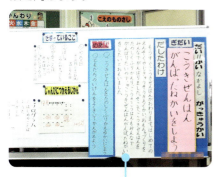 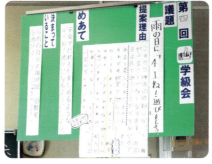

　掲示した磁石付きの短冊を学級会でそのまま移動して使ったり，コルクボードやホワイトボードなどを活用したりする方法もあります。

　事前に掲示しておくことには例えば次のようなものがあります。
・課題
・提案理由
・話合いのめあて
・話し合うこと
・決まっていること（日時，場所，など）
・当日までの流れ
・プログラム
　など

❹ 活性化するための工夫

　学級会の板書や話合いのポイントを掲示していくことで，次回の学級会に生かせるようにします。また，集会活動や学校行事における一人一人の振り返りを，付せんに書いて掲示し共有することで，互いのよさやがんばりに気付いたり，新たな課題に気付いたりすることにつながります。

　活動の様子を映像や写真に撮って残すことも工夫の一つです。活動の流れを写真や言葉で表した掲示物を作成したり，活動の過程を映像で残したりすることで，振り返りの活動を効果的に進めることができます。

◆ 校内掲示の工夫 ◆

　学級会での話合いや集会活動の写真と吹き出しを階段の踊り場や廊下に掲示することで，他の学級や学年の児童が参考にすることができます。

　学級会で話し合った議題を廊下等に掲示し，全児童が見られるようにすることで，互いに参考にすることができるようにします。

教室経営

活動の活性化を図る係活動コーナーの工夫は？

係活動に使うものなどを用意し，児童にとって活動しやすい環境を整えたり，活動の様子が学級全体に伝わるような工夫をしたりし，活動意欲を高めます。

1 ポスターを活用した工夫

各係のポスターは，児童が自主的に情報を発信することができるようにしておくことが大切です。共通してポスターに載せる内容を確認し，その上で係ごとに創意工夫することで，活動意欲が高まるようにします。

ポスターは，初めに掲示したものが貼り続けられることがないように，内容を更新できるようにします。活動紹介や写真，活動の予告やお願い，活動の報告や感想など，定期的に見直すことができるようにします。

メンバー表だけでなく，実際の活動の様子が分かるようにしたり，みんなの意見を聞いたりできるようにすることで，互いの活動内容に関心をもち，認め合いながら，協力してよりよい学級生活をつくろうとする意識が高まります。

【係ポスターにホワイトボードや，上質紙をラミネート加工したボードを貼った例】

係からのお知らせなどを学級みんなに簡単に呼び掛けることができます。

【「係ポスト」の例】

各係へのお願いや感想，アドバイスなどを入れられるようにします。友達からのアイデア等に対し，係から「ありがとうカード」を返したり，返事を掲示したりするようにします。

2 児童の自主的な活動を促す工夫

■ 情報収集の工夫

各係ごとにみんなの意見を聞くことで，必要感の高い活動になります。

そのために，係活動ポストなどを設置することも効果的です。

■ 活動カレンダーの作成

係ごとに活動カレンダーを作成することで，児童は協力し，見通しをもちながら活動を進めることができます。

■ 情報活用コーナーの設置

文房具等を準備するとともに，児童がICT機器などをいつでも使用できるようにすることで，写真や動画を活用したり，文書作成ソフトでポスターや新聞等を作成したりすることができ児童の発意・発想を生かした自主的な活動につながります。

教室経営

学級活動(2),(3)の学習と関連を図る教室掲示の工夫は?

　教室には,生活目標や学習ルールなど,自己の生活改善につなげたり,目標をもった生活にしたりするための掲示物が多くあります。それらを学級活動(2),(3)の学習と関連させるなど,意図的,計画的に活用します。

　学級活動(2),(3)の学習と関連を図ることができる掲示物には,食育に関わる給食だよりや健康な体づくりを目指す保健だよりを始め,避難訓練の際の心得を示したもの,仲間とよりよく学ぶためのスキル(話し方,聞き方,伝え合いのための話型)などが考えられます。これらの掲示物を授業の中で効果的に取り上げることで,児童は課題を自分事として捉え,継続して実践できるようになります。

1 学級活動(2)の例

ふんわり言葉とちくちく言葉

学級活動(2)「イ　よりよい人間関係の形成」

　自分のめあてを実践し,定期的に振り返る中で,使うことができたふんわり言葉を掲示し継続して実践できるようにします。

　高学年の教室では,相談ボックス等の設置で児童の声を聞く工夫もできます。児童の実態に即して課題を設定することが大切です。

　学習規律について,掲示物を活用してその必要性や行動の仕方を考えるようにすることは,集団活動の中で与えられた規範を守ることだけではなく,自分たちできまりや約束を考えたり,決めたことに責任をもって遂行したりするなど,規範意識を育むことにつながります。

2 学級活動(3)の例

よりよい学習の取組み方～友達と楽しく勉強するために～

学級活動(3)「ウ　主体的な学習態度の形成と学校図書館等の活用」

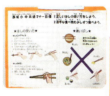

　学校だより,保健だより,給食だより,生徒指導に関わるおたより,学習規律や生活習慣など,学力向上や生活改善のために学校全体で取り組んでいることに関わる掲示物について,学級活動(3)の導入で取り上げるなど,校内で,掲示物をどのように活用するかについて共通理解を図ることも効果的です。

学級のあゆみの掲示

　学級会で話し合って実践した集会活動や学校行事などにおける集会などを「学級のあゆみ」として見える形で掲示することで,感動したことや学んだこと,学級や個人の成長を学級全体で共有し,喜び合うことができます。はじめは教師がつくりますが,徐々に児童が作ることできるように促していきます。

　『学級のあゆみ』の掲示は,参観日等で保護者や地域の人にも見てもらうことができ,児童の達成感につながります。また,活動の中で気付いた自分たちの課題を次の活動へつなげていくようにします。

　主な学年,学校行事などを掲示しておいて,それに加えて学級のあゆみを残していこうと児童に呼びかけ,振り返りの記録への参画を促すことも考えられます。

教室経営
児童の主体的な活動につなげる校内掲示の工夫は？

廊下やホールなどに学校行事や委員会活動，クラブ活動などのコーナーを設けることで，それぞれの活動について児童の関心を高め，創意工夫したり，児童同士の交流を生み出したりすることが期待できます。

① 児童会活動掲示板（例）

児童会のめあて，各委員会で話し合って決めた活動の目標や活動計画，全校へのお知らせなどを掲示することで，児童会活動への関心を高めます。また，今後の活動の参考にしたり，他の委員会と連携したりする上で役立ちます。

4月当初に作成した委員会の紹介ポスターがずっとそのままになっていることがないようにします。委員会活動の写真や振り返りを掲示することで，ほかの委員会の活動の工夫を参考にするなど，創意工夫した活動につながるようにします。

◆代表委員会だよりの掲示◆

代表委員会で話し合うことを各学級に伝え，事前に話し合っておくようにします。また，代表委員会で決まったことをまとめて，「代表委員会だより」として配布したり，掲示板に貼ったりして共通理解を図るようにします。

代表委員会に参加しない学年の児童にも内容を伝え，学校全体で児童会活動に取り組んでいることを実感できるようにします。

② クラブ活動掲示板（例）

各クラブのメンバーや活動の目標や内容，計画を知らせます。活動の様子の写真を掲示して，各クラブがどのような活動をしているのかが分かるようにすることで，児童の発意・発想を生かせるようにし，クラブ活動への期待感を高めたり，創意工夫して活動したりすることができるようにします。

小学校学習指導要領 特別活動

小学校学習指導要領（平成29年3月告示）

第6章　特別活動

第1　目標

集団や社会の形成者としての見方・考え方を働かせ，様々な集団活動に自主的，実践的に取り組み，互いのよさや可能性を発揮しながら集団や自己の生活上の課題を解決することを通して，次のとおり資質・能力を育成することを目指す。

(1) 多様な他者と協働する様々な集団活動の意義や活動を行う上で必要となることについて理解し，行動の仕方を身に付けるようにする。

(2) 集団や自己の生活，人間関係の課題を見いだし，解決するために話し合い，合意形成を図ったり，意思決定したりすることができるようにする。

(3) 自主的，実践的な集団活動を通して身に付けたことを生かして，集団や社会における生活及び人間関係をよりよく形成するとともに，自己の生き方についての考えを深め，自己実現を図ろうとする態度を養う。

第2　各活動・学校行事の目標及び内容

〔学級活動〕

1　目標

学級や学校での生活をよりよくするための課題を見いだし，解決するために話し合い，合意形成し，役割を分担して協力して実践したり，学級での話合いを生かして自己の課題の解決及び将来の生き方を描くために意思決定して実践したりすることに，自主的，実践的に取り組むことを通して，第1の目標に掲げる資質・能力を育成することを目指す。

2　内容

1の資質・能力を育成するため，全ての学年において，次の各活動を通して，それぞれの活動の意義及び活動を行う上で必要となることについて理解し，主体的に考えて実践できるよう指導する。

(1) 学級や学校における生活づくりへの参画

ア　学級や学校における生活上の諸問題の解決

学級や学校における生活をよりよくするための課題を見いだし，解決するために話し合い，合意形成を図り，実践すること。

イ　学級内の組織づくりや役割の自覚

学級生活の充実や向上のため，児童が主体的に組織をつくり，役割を自覚しながら仕事を分担して，協力し合い実践すること。

ウ　学校における多様な集団の生活の向上

児童会など学級の枠を超えた多様な集団における活動や学校行事を通して学校生活の向上を図るため，学級としての提案や取組を話し合って決めること。

(2) 日常の生活や学習への適応と自己の成長及び健康安全

ア　基本的な生活習慣の形成

身の回りの整理や挨拶などの基本的な生活習慣を身に付け，節度ある生活にすること。

イ　よりよい人間関係の形成

学級や学校の生活において互いのよさを見付け，違いを尊重し合い，仲よくしたり信頼し合ったりして生活すること。

ウ　心身ともに健康で安全な生活態度の形成

現在及び生涯にわたって心身の健康を保持増進

することや，事件や事故，災害等から身を守り安全に行動すること。
　エ　食育の観点を踏まえた学校給食と望ましい食習慣の形成
　　　給食の時間を中心としながら，健康によい食事のとり方など，望ましい食習慣の形成を図るとともに，食事を通して人間関係をよりよくすること。
(3)　一人一人のキャリア形成と自己実現
　ア　現在や将来に希望や目標をもって生きる意欲や態度の形成
　　　学級や学校での生活づくりに主体的に関わり，自己を生かそうとするとともに，希望や目標をもち，その実現に向けて日常の生活をよりよくしようとすること。
　イ　社会参画意識の醸成や働くことの意義の理解
　　　清掃などの当番活動や係活動等の自己の役割を自覚して協働することの意義を理解し，社会の一員として役割を果たすために必要となることについて主体的に考えて行動すること。
　ウ　主体的な学習態度の形成と学校図書館等の活用
　　　学ぶことの意義や現在及び将来の学習と自己実現とのつながりを考えたり，自主的に学習する場としての学校図書館等を活用したりしながら，学習の見通しを立て，振り返ること。

3　内容の取扱い
(1)　指導に当たっては，各学年段階で特に次の事項に配慮すること。
〔第1学年及び第2学年〕
　話合いの進め方に沿って，自分の意見を発表したり，他者の意見をよく聞いたりして，合意形成して実践することのよさを理解すること。基本的な生活習慣や，約束やきまりを守ることの大切さを理解して行動し，生活をよくするための目標を決めて実行すること。
〔第3学年及び第4学年〕
　理由を明確にして考えを伝えたり，自分と異なる意見も受け入れたりしながら，集団としての目標や活動内容について合意形成を図り，実践すること。

自分のよさや役割を自覚し，よく考えて行動するなど節度ある生活を送ること。
〔第5学年及び第6学年〕
　相手の思いを受け止めて聞いたり，相手の立場や考え方を理解したりして，多様な意見のよさを積極的に生かして合意形成を図り，実践すること。高い目標をもって粘り強く努力し，自他のよさを伸ばし合うようにすること。
(2)　2の(3)の指導に当たっては，学校，家庭及び地域における学習や生活の見通しを立て，学んだことを振り返りながら，新たな学習や生活への意欲につなげたり，将来の生き方を考えたりする活動を行うこと。その際，児童が活動を記録し蓄積する教材等を活用すること。

〔児童会活動〕
1　目　標
　異年齢の児童同士で協力し，学校生活の充実と向上を図るための諸問題の解決に向けて，計画を立て役割を分担し，協力して運営することに自主的，実践的に取り組むことを通して，第1の目標に掲げる資質・能力を育成することを目指す。

2　内　容
　1の資質・能力を育成するため，学校の全児童をもって組織する児童会において，次の各活動を通して，それぞれの活動の意義及び活動を行う上で必要となることについて理解し，主体的に考えて実践できるよう指導する。
(1)　児童会の組織づくりと児童会活動の計画や運営
　　児童が主体的に組織をつくり，役割を分担し，計画を立て，学校生活の課題を見いだし解決するために話し合い，合意形成を図り実践すること。
(2)　異年齢集団による交流
　　児童会が計画や運営を行う集会等の活動において，学年や学級が異なる児童と共に楽しく触れ合い，交流を図ること。
(3)　学校行事への協力
　　学校行事の特質に応じて，児童会の組織を活用し

て，計画の一部を担当したり，運営に協力したりすること。

3　内容の取扱い
(1)　児童会の計画や運営は，主として高学年の児童が行うこと。その際，学校の全児童が主体的に活動に参加できるものとなるよう配慮すること。

〔クラブ活動〕
1　目標
　異年齢の児童同士で協力し，共通の興味・関心を追求する集団活動の計画を立てて運営することに自主的，実践的に取り組むことを通して，個性の伸長を図りながら，第1の目標に掲げる資質・能力を育成することを目指す。

2　内容
　1の資質・能力を育成するため，主として第4学年以上の同好の児童をもって組織するクラブにおいて，次の各活動を通して，それぞれの活動の意義及び活動を行う上で必要となることについて理解し，主体的に考えて実践できるよう指導する。
(1)　クラブの組織づくりとクラブ活動の計画や運営
　児童が活動計画を立て，役割を分担し，協力して運営に当たること。
(2)　クラブを楽しむ活動
　異なる学年の児童と協力し，創意工夫を生かしながら共通の興味・関心を追求すること。
(3)　クラブの成果の発表
　活動の成果について，クラブの成員の発意・発想を生かし，協力して全校の児童や地域の人々に発表すること。

〔学校行事〕
1　目標
　全校又は学年の児童で協力し，よりよい学校生活を築くための体験的な活動を通して，集団への所属感や連帯感を深め，公共の精神を養いながら，第1の目標に掲げる資質・能力を育成することを目指す。

2　内容
　1の資質・能力を育成するため，全ての学年において，全校又は学年を単位として，次の各行事において，学校生活に秩序と変化を与え，学校生活の充実と発展に資する体験的な活動を行うことを通して，それぞれの学校行事の意義及び活動を行う上で必要となることについて理解し，主体的に考えて実践できるよう指導する。
(1)　儀式的行事
　学校生活に有意義な変化や折り目を付け，厳粛で清新な気分を味わい，新しい生活の展開への動機付けとなるようにすること。
(2)　文化的行事
　平素の学習活動の成果を発表し，自己の向上の意欲を一層高めたり，文化や芸術に親しんだりするようにすること。
(3)　健康安全・体育的行事
　心身の健全な発達や健康の保持増進，事件や事故，災害等から身を守る安全な行動や規律ある集団行動の体得，運動に親しむ態度の育成，責任感や連帯感の涵(かん)養，体力の向上などに資するようにすること。
(4)　遠足・集団宿泊的行事
　自然の中での集団宿泊活動などの平素と異なる生活環境にあって，見聞を広め，自然や文化などに親しむとともに，よりよい人間関係を築くなどの集団生活の在り方や公衆道徳などについての体験を積むことができるようにすること。
(5)　勤労生産・奉仕的行事
　勤労の尊さや生産の喜びを体得するとともに，ボランティア活動などの社会奉仕の精神を養う体験が得られるようにすること。

3　内容の取扱い
(1)　児童や学校，地域の実態に応じて，2に示す行事の種類ごとに，行事及びその内容を重点化するとともに，各行事の趣旨を生かした上で，行事間の関連や統合を図るなど精選して実施すること。また，実施に当たっては，自然体験や社会体験などの体験活

することや，事件や事故，災害等から身を守り安全に行動すること。

エ　食育の観点を踏まえた学校給食と望ましい食習慣の形成

給食の時間を中心としながら，健康によい食事のとり方など，望ましい食習慣の形成を図るとともに，食事を通して人間関係をよりよくすること。

(3) 一人一人のキャリア形成と自己実現

ア　現在や将来に希望や目標をもって生きる意欲や態度の形成

学級や学校での生活づくりに主体的に関わり，自己を生かそうとするとともに，希望や目標をもち，その実現に向けて日常の生活をよりよくしようとすること。

イ　社会参画意識の醸成や働くことの意義の理解

清掃などの当番活動や係活動等の自己の役割を自覚して協働することの意義を理解し，社会の一員として役割を果たすために必要となることについて主体的に考えて行動すること。

ウ　主体的な学習態度の形成と学校図書館等の活用

学ぶことの意義や現在及び将来の学習と自己実現とのつながりを考えたり，自主的に学習する場としての学校図書館等を活用したりしながら，学習の見通しを立て，振り返ること。

3　内容の取扱い

(1) 指導に当たっては，各学年段階で特に次の事項に配慮すること。

〔第1学年及び第2学年〕

話合いの進め方に沿って，自分の意見を発表したり，他者の意見をよく聞いたりして，合意形成して実践することのよさを理解すること。基本的な生活習慣や，約束やきまりを守ることの大切さを理解して行動し，生活をよくするための目標を決めて実行すること。

〔第3学年及び第4学年〕

理由を明確にして考えを伝えたり，自分と異なる意見も受け入れたりしながら，集団としての目標や活動内容について合意形成を図り，実践すること。

自分のよさや役割を自覚し，よく考えて行動するなど節度ある生活を送ること。

〔第5学年及び第6学年〕

相手の思いを受け止めて聞いたり，相手の立場や考え方を理解したりして，多様な意見のよさを積極的に生かして合意形成を図り，実践すること。高い目標をもって粘り強く努力し，自他のよさを伸ばし合うようにすること。

(2) 2の(3)の指導に当たっては，学校，家庭及び地域における学習や生活の見通しを立て，学んだことを振り返りながら，新たな学習や生活への意欲につなげたり，将来の生き方を考えたりする活動を行うこと。その際，児童が活動を記録し蓄積する教材等を活用すること。

〔児童会活動〕

1　目　標

異年齢の児童同士で協力し，学校生活の充実と向上を図るための諸問題の解決に向けて，計画を立て役割を分担し，協力して運営することに自主的，実践的に取り組むことを通して，第1の目標に掲げる資質・能力を育成することを目指す。

2　内　容

1の資質・能力を育成するため，学校の全児童をもって組織する児童会において，次の各活動を通して，それぞれの活動の意義及び活動を行う上で必要となることについて理解し，主体的に考えて実践できるよう指導する。

(1) 児童会の組織づくりと児童会活動の計画や運営

児童が主体的に組織をつくり，役割を分担し，計画を立て，学校生活の課題を見いだし解決するために話し合い，合意形成を図り実践すること。

(2) 異年齢集団による交流

児童会が計画や運営を行う集会等の活動において，学年や学級が異なる児童と共に楽しく触れ合い，交流を図ること。

(3) 学校行事への協力

学校行事の特質に応じて，児童会の組織を活用し

て，計画の一部を担当したり，運営に協力したりすること。

3　内容の取扱い
(1)　児童会の計画や運営は，主として高学年の児童が行うこと。その際，学校の全児童が主体的に活動に参加できるものとなるよう配慮すること。

〔クラブ活動〕
1　目標
　異年齢の児童同士で協力し，共通の興味・関心を追求する集団活動の計画を立てて運営することに自主的，実践的に取り組むことを通して，個性の伸長を図りながら，第1の目標に掲げる資質・能力を育成することを目指す。

2　内容
　1の資質・能力を育成するため，主として第4学年以上の同好の児童をもって組織するクラブにおいて，次の各活動を通して，それぞれの活動の意義及び活動を行う上で必要となることについて理解し，主体的に考えて実践できるよう指導する。
(1)　クラブの組織づくりとクラブ活動の計画や運営
　児童が活動計画を立て，役割を分担し，協力して運営に当たること。
(2)　クラブを楽しむ活動
　異なる学年の児童と協力し，創意工夫を生かしながら共通の興味・関心を追求すること。
(3)　クラブの成果の発表
　活動の成果について，クラブの成員の発意・発想を生かし，協力して全校の児童や地域の人々に発表すること。

〔学校行事〕
1　目標
　全校又は学年の児童で協力し，よりよい学校生活を築くための体験的な活動を通して，集団への所属感や連帯感を深め，公共の精神を養いながら，第1の目標に掲げる資質・能力を育成することを目指す。

2　内容
　1の資質・能力を育成するため，全ての学年において，全校又は学年を単位として，次の各行事において，学校生活に秩序と変化を与え，学校生活の充実と発展に資する体験的な活動を行うことを通して，それぞれの学校行事の意義及び活動を行う上で必要となることについて理解し，主体的に考えて実践できるよう指導する。
(1)　儀式的行事
　学校生活に有意義な変化や折り目を付け，厳粛で清新な気分を味わい，新しい生活の展開への動機付けとなるようにすること。
(2)　文化的行事
　平素の学習活動の成果を発表し，自己の向上の意欲を一層高めたり，文化や芸術に親しんだりするようにすること。
(3)　健康安全・体育的行事
　心身の健全な発達や健康の保持増進，事件や事故，災害等から身を守る安全な行動や規律ある集団行動の体得，運動に親しむ態度の育成，責任感や連帯感の涵(かん)養，体力の向上などに資するようにすること。
(4)　遠足・集団宿泊的行事
　自然の中での集団宿泊活動などの平素と異なる生活環境にあって，見聞を広め，自然や文化などに親しむとともに，よりよい人間関係を築くなどの集団生活の在り方や公衆道徳などについての体験を積むことができるようにすること。
(5)　勤労生産・奉仕的行事
　勤労の尊さや生産の喜びを体得するとともに，ボランティア活動などの社会奉仕の精神を養う体験が得られるようにすること。

3　内容の取扱い
(1)　児童や学校，地域の実態に応じて，2に示す行事の種類ごとに，行事及びその内容を重点化するとともに，各行事の趣旨を生かした上で，行事間の関連や統合を図るなど精選して実施すること。また，実施に当たっては，自然体験や社会体験などの体験活

動を充実するとともに、体験活動を通して気付いたことなどを振り返り、まとめたり、発表し合ったりするなどの事後の活動を充実すること。

第3 指導計画の作成と内容の取扱い

1 指導計画の作成に当たっては、次の事項に配慮するものとする。

(1) 特別活動の各活動及び学校行事を見通して、その中で育む資質・能力の育成に向けて、児童の主体的・対話的で深い学びの実現を図るようにすること。その際、よりよい人間関係の形成、よりよい集団生活の構築や社会への参画及び自己実現に資するよう、児童が集団や社会の形成者としての見方・考え方を働かせ、様々な集団活動に自主的、実践的に取り組む中で、互いのよさや個性、多様な考えを認め合い、等しく合意形成に関わり役割を担うようにすることを重視すること。

(2) 各学校においては特別活動の全体計画や各活動及び学校行事の年間指導計画を作成すること。その際、学校の創意工夫を生かし、学級や学校、地域の実態、児童の発達の段階などを考慮するとともに、第2に示す内容相互及び各教科、道徳科、外国語活動、総合的な学習の時間などの指導との関連を図り、児童による自主的、実践的な活動が助長されるようにすること。また、家庭や地域の人々との連携、社会教育施設等の活用などを工夫すること。

(3) 学級活動における児童の自発的、自治的な活動を中心として、各活動と学校行事を相互に関連付けながら、個々の児童についての理解を深め、教師と児童、児童相互の信頼関係を育み、学級経営の充実を図ること。その際、特に、いじめの未然防止等を含めた生徒指導との関連を図るようにすること。

(4) 低学年においては、第1章総則の第2の4の(1)を踏まえ、他教科等との関連を積極的に図り、指導の効果を高めるようにするとともに、幼稚園教育要領等に示す幼児期の終わりまでに育ってほしい姿との関連を考慮すること。特に、小学校入学当初においては、生活科を中心とした関連的な指導や、弾力的な時間割の設定を行うなどの工夫をすること。

(5) 障害のある児童などについては、学習活動を行う場合に生じる困難さに応じた指導内容や指導方法の工夫を計画的、組織的に行うこと。

(6) 第1章総則の第1の2の(2)に示す道徳教育の目標に基づき、道徳科などとの関連を考慮しながら、第3章特別の教科道徳の第2に示す内容について、特別活動の特質に応じて適切な指導をすること。

2 第2の内容の取扱いについては、次の事項に配慮するものとする。

(1) 学級活動、児童会活動及びクラブ活動の指導については、指導内容の特質に応じて、教師の適切な指導の下に、児童の自発的、自治的な活動が効果的に展開されるようにすること。その際、よりよい生活を築くために自分たちできまりをつくって守る活動などを充実するよう工夫すること。

(2) 児童及び学校の実態並びに第1章総則の第6の2に示す道徳教育の重点などを踏まえ、各学年において取り上げる指導内容の重点化を図るとともに、必要に応じて、内容間の関連や統合を図ったり、他の内容を加えたりすることができること。

(3) 学校生活への適応や人間関係の形成などについては、主に集団の場面で必要な指導や援助を行うガイダンスと、個々の児童の多様な実態を踏まえ、一人一人が抱える課題に個別に対応した指導を行うカウンセリング(教育相談を含む。)の双方の趣旨を踏まえて指導を行うこと。特に入学当初や各学年のはじめにおいては、個々の児童が学校生活に適応するとともに、希望や目標をもって生活できるよう工夫すること。あわせて、児童の家庭との連絡を密にすること。

(4) 異年齢集団による交流を重視するとともに、幼児、高齢者、障害のある人々などとの交流や対話、障害のある幼児児童生徒との交流及び共同学習の機会を通して、協働することや、他者の役に立ったり社会に貢献したりすることの喜びを得られる活動を充実すること。

3 入学式や卒業式などにおいては、その意義を踏まえ、国旗を掲揚するとともに、国歌を斉唱するよう指導するものとする。

小学校特別活動指導資料の作成に関する協力者 (五十音順, 敬称略)

※職名は平成30年12月現在

新垣　寿志	那覇市立教育研究所指導主事	
池田　洋士	北九州市立小石小学校長	
小笠原　陽二	愛媛県松山市立味酒小学校教頭	
川原　陽子	広島県庄原市立美古登小学校教頭	
川本　和孝	玉川大学TAPセンター准教授	
佐藤　真理子	秋田県仙北市立角館小学校教諭	
嶋田　克彦	横浜市立峯小学校長	
清水　弘美	東京都八王子市立浅川小学校長	
◎杉田　洋	國學院大學人間開発学部教授	
鈴木　恵	さいたま市立大谷場中学校教諭	
芳賀　正志	滋賀県大津市立堅田小学校教諭	
橋谷　由紀	日本体育大学教授	
○前田　学	京都市立松陽小学校長	
山﨑　邦彦	福岡県宗像市立玄海東小学校主幹教諭	
渡邉　淳	埼玉県加須市教育委員会主幹兼指導主事	

（◎主査　○副主査）

国立教育政策研究所においては，次の者が本書の作成・編集に当たった。

安部　恭子　　教育課程研究センター研究開発部教育課程調査官
　　　　　　　文部科学省初等中等教育局教育課程課教科調査官

この他，本書編集の全般にわたり，国立教育政策研究所においては次の者が担当した。

小松　悌厚　　教育課程研究センター長
加藤　弘樹　　教育課程研究センター長（平成30年3月31日まで）
清水　正樹　　教育課程研究センター 研究開発部 副部長
髙井　修　　　教育課程研究センター 研究開発部 研究開発課長
高橋　友之　　教育課程研究センター 研究開発部 研究開発課 指導係長
淀川　雅夫　　教育課程研究センター 研究開発部 研究開発課 指導係長（平成30年3月31日まで）
奥田　正幸　　教育課程研究センター 研究開発部 研究開発課 指導係 専門職
岩切　陽平　　教育課程研究センター 研究開発部 研究開発課 指導係 専門職（平成30年3月31日まで）

特別活動指導資料
みんなで，よりよい学級・学校生活をつくる特別活動（小学校編）

2019年1月　初版第1刷発行
2024年4月　第5刷発行

［著作権所有］文部科学省／国立教育政策研究所 教育課程研究センター
［発　行　所］株式会社 **文溪堂**
東 京 本 社／東京都文京区大塚3-16-12　〒112-8635　TEL（03）5976-1310㈹
岐 阜 本 社／岐阜県羽島市江吉良町江中7-1　〒501-6297　TEL（058）398-1111㈹
大 阪 支 社／大阪府東大阪市今米2-7-24　〒578-0903　TEL（072）966-2111㈹
［印刷・製本］株式会社 太洋社
［表紙・デザイン］スタジオ1043
［編 集 協 力］クレスト編集・企画事務所
［イ ラ ス ト］モリアート

ISBN978-4-7999-0320-9　C3037　￥1200E　　○落丁本・乱丁本はお取り替えいたします。
NDC375　128P　297mm×210mm